Antoine Faivre

Esoterik

Antoine Faivre

ESOTERIK

Edition Roter Löwe im
AURUM VERLAG · BRAUNSCHWEIG

Die französische Originalausgabe erschien unter dem
Titel »L'Ésotérisme« im Verlag Presses Universitaires
de France, Paris. Dieser Übersetzung liegt die erweiterte
Neuauflage von 1993 zugrunde.

Ins Deutsche übersetzt von Peter Schmidt.

Gesamtgestaltung: Sabine Schönauer-Kornek
Umschlagillustration: Andrea Heissenberg

Die Deutsche Bibliothek – CIP-Einheitsaufnahme

Faivre, Antoine:
Esoterik / Antoine Faivre. [Ins Dt. übers. von
Peter Schmidt].
Braunschweig : Aurum-Verl., 1996
(Edition Roter Löwe)
Einheitssacht.: L'ésotéisme <dt.>
ISBN 3-591-08367-4

INHALT

EINLEITUNG

Esoterik ist ein etwas unklarer Begriff, über dessen Sinn keine Übereinstimmung herrscht. Dies schließt allerdings nicht aus, daß man immer wieder in den Fachabteilungen der Buchhandlungen, aber auch in den Medien, mit diesem Begriff konfrontiert wird. Unter dieser Überschrift ordnen Journalisten und Buchverkäufer so ganz unterschiedliche Dinge ein wie Ephemeriden, Parapsychologie, Tarot, Yoga, Zen, aber auch die Freimaurerei, die Theosophie oder die Alchemie. Es wäre mühsam, hier nun ein komplettes Inventar aufstellen zu wollen, da zu viele modeabhängige Dinge darin ihren Platz finden müßten. Wir können lediglich feststellen, daß der Sinn des Wortes »Esoterik«, der bislang ziemlich verschwommen war, heutzutage in alle möglichen Gebiete überschwappt.

Drei Wege bieten sich demjenigen an, der hier nach ein wenig mehr Klarheit sucht. Der erste besteht in der bereits erwähnten Aufstellung eines Inventars all der Dinge, die man landläufig unter dem Begriff »Esoterik« versteht; wohl eher etwas für Soziologen, erlaubt doch eine solche Aufstellung trotz ihrer Begrenzung eine interessante Aussage über »das Verlangen nach Irrationalem« bei unseren Zeitgenossen. Den zweiten Weg einzuschlagen bedeutet, daß man aufgrund von Wertmaßstäben darüber urteilt, was »Esoterik« zu heißen verdient, wobei natürlich die Gefahr besteht, daß einige Kinder mit dem Bade ausgeschüttet werden. Man kann sich leicht vorstellen, wohin dies führen kann. Wenn wir also weder Jahrmarktsbuden aufzählen noch das Gewand des Gurus anlegen wollen, bleibt uns nur ein dritter Weg. Er führt um den berühmten Baum herum, der den Wald nicht mehr sehen läßt; und nun tauchen auf einmal Harmonien und Gegensätze auf, wenn dies auch voraussetzt, daß man etwas weiter blickt als nur in die Schaufensterauslagen, die uns umgeben, daß man sich nämlich in Bibliotheken und Museen umschaut. Gewiß gibt es bereits so etwas wie eine Anerkennung der Esoterik auf Universitätsebene, und zwar als ein spezifischer Forschungsbereich. In Frankreich gibt es einen solchen Lehrstuhl für »esoterische Strömungen«, aber auch in einigen anderen Ländern ist Esoterik als wissenschaftliches Lehrfach anerkannt.[1] Allerdings ist man bis heute zu wenig an den eigentlichen Sachverhalt dieser Spezifität herangegangen. Muß doch jede Disziplin imstande sein, ihren eigenen Wesensbereich festzulegen!

Die in dieser Einführung zugrunde gelegte Kriteriologie bezieht sich auf die »esoterischen Strömungen« und möchte auch nicht mehr sein als ein Werkzeug, das es zu vervollständigen und zu verbessern gilt. Auch der geschichtliche Abriß, der auf diese Einführung folgt, leitet sich von dieser Kriteriologie ab. Aus später erläuterten Gründen beschränkt sich dieses Buch auf die abendländische Esoterik und dabei vornehmlich auf die frühe und moderne Neuzeit.

---

1 An der Ecole pratique des Hautes Etudes (Abteilung Religionswissenschaften) gab es seit 1965 einen Lehrstuhl für »Geschichte der christlichen Esoterik«, der 1979 in »Geschichte der esoterischen und mystischen Strömungen im modernen Europa« umbenannt wurde. In den USA wurde im Jahr 1980 die »Hermetic Academy« gegründet, an der heute etwa 150 Forscher tätig sind; die meisten von ihnen gehören gleichzeitig zu der 1986 innerhalb der »American Academy of Religion« geschaffenen »Group Esotericism and Perennialism«.

Zu eng gefaßte Definitionen

Der lexikalische Inhalt des Wortes »Esoterik« gibt wenig her: *eso* bedeutet »innerlich, im Innern«, und *ter* ist Ausdruck eines Gegensatzes. Und wie jeder Beriff, der eigentlich ohne festgelegten Sinn ist, erweist sich auch dieser als äußerst dehnbar und semantisch gesehen etwas durchläßig. Deswegen hat es wenig Sinn, auf seine ethymologischen Quellen eingehen zu wollen; vielmehr gilt es, seine Funktion näher zu beleuchten, die darin besteht, bestimmte Haltungen und gewisse Aussagen hervorzurufen. Die Frage ist nur, ob diese Haltungen und Aussagen dem Beobachter, dem »Esoterologen«[2], die Möglichkeit geben, ein eventuelles Forschungsgebiet abzugrenzen. Vor allem geht es keineswegs darum, Esoterik »an sich« zu definieren, denn so etwas existiert nicht an und für sich. Es handelt sich hier nicht einmal um ein »Gebiet«, wie man dies von der Malerei, der Philosophie oder der Chemie her kennt, sondern vielmehr um einer Art Denkform, deren Natur es zu umreissen gilt, wobei man von den jeweiligen Strömungen und Werken ausgehen muß, welche diese Denkform zu vertreten scheinen. Typisch ebenfalls, daß das Adjektiv »esoterisch« schon lange vor dem erst zu Beginn des 19. Jahrhunderts aufgetauchten Substantiv existierte, weswegen es auch angepaßt erscheint, statt des Substantivs so oft wie möglich das Adjektiv zu benutzen; und wenn man das Substantiv gebraucht, am besten im Plural (ebenso, wie man Begriffe wie »Astrologie« oder »Alchemie« besser im Plural benutzen sollte). Wie könnte ferner eine abstrakte Definition ein *a priori* vermeiden bezüglich dessen, was Esoterik wirklich »sein sollte«, bezüglich ihrer »wahren«

---

2 Zur Bezeichnung des wissenschaftlich arbeitenden Beobachters im Fachbereich Esoterik benutzt Antoine Faivre den Begriff »ésotérologue«, den wir der Einfachheit halber als »Esoterologe« in den deutschen Text übernommen haben. (Anm. d. Übers.)

Natur, d. h. wie könnte sie vermeiden, sich letztendlich auf philosophische oder ideologische Voraussetzungen zu stützen? Es scheint deswegen interessanter, von dem sachdienlichen Gebrauch auszugehen, der in mannigfachen Diskursen feststellbar ist, und sich dabei zu fragen, auf welch wahrnehmbaren Wirklichkeiten dieser Gebrauch verweist. Dies bedeutet, daß man sich als Arbeitsgrundlage die Untersuchung von Bereichen vornimmt, die sich selbst ausdrücklich als esoterisch definieren, aber auch diejenigen, in denen das Esoterische sich nicht als solches ausgibt, sondern implizit ist. Bleibt schließlich die Frage, welchen kriteriologischen Ansatzpunkt man zur Abgrenzung der esoterischen Natur von Texten oder Werken, seien sie nun als solche eingestuft oder nicht, annehmen soll.

Diese empirischen Überlegungen gehen von einer dreifachen Fragestellung aus. Auf welchen implizierten Kriterien basieren die Universitätsprogramme, die sich mit Materialien beschäftigen, die dort explizit als esoterisch eingestuft sind? Was kann das Substantiv »Esoterik« seit seiner Einführung zu Beginn des 19. Jahrhunderts beinhalten und was vor allem die vornehmlich seit der Renaissancezeit benutzten mehr oder minder analogen Begriffe? Welches sind also die grundlegenden Züge, die, in ihrer Gesamtheit, als methodische, wenn auch provisorische Basis einer Geschichte der esoterischen Strömungen im Abendland dienen könnten?

»Esoterik« läßt im allgemeinen die Vorstellung von »geheim« mitschwingen, ist so etwas wie eine »Wissenschaft des Arkanum«, eine Art Erkenntnis oder Wissen, das bestimmten Kreisen vorbehalten ist. Es ist ganz sicher, daß das Geheimnisvolle zum Träumen verleitet und der Welt eine Tiefendimension gibt, und daß im Gegensatz dazu die tagtäglichen Dinge an Reiz verlieren. Deshalb hegen die Esoteriker gern das Geheimnisvolle. Hier soll diese Bedeutung des Wortes »Esoterik«, seine Verbindung mit Geheimlehren also, keineswegs als illegitim abgetan werden; nur erscheint uns eine solche Definition zu begrenzt, um von großem Nutzen zu sein. Nehmen wir nur das Beispiel der Alchemie: Der größte Teil davon ist als nicht geheim anzusehen, da sie, vor allem seit dem 16. Jahrhundert, dank einer umfangreichen Literatur weitgehend bekannt wurde. Oder etwa die Theosophie: Die für diese Bewegung so repräsentativen Schriften wie die eines Jakob Böhme waren für ein breites Publikum bestimmt. Diese Beispiele ließen sich leicht fortsetzen. Und wenn es wirklich einmal Geheimnisse gibt, so sind es in der Tat meist nur ... offene Geheimnisse! Die Etymologie des Wortes »Esoterik« läßt die Notion des Geheimen mitschwingen, indem sie zu verstehen gibt, daß man keinen Zugang zu einem Symbol, einem Mythos oder zur Wirklichkeitswelt haben kann ohne ein persönliches Bemühen um eine stufenweise, progressive Erläuterung, d. h. ohne eine Art Hermeneutik. Ferner gibt es auch kein allerletztes Geheimnis, sobald man einmal entschieden hat, daß alles geheim sein soll. Nebenbei sei schließlich erwähnt, daß »esoterisch« manchmal auch den »verborgenen« Gott bezeichnen kann, wie es etwa bei Franz von Baader der Fall ist.

»Esoterik« hat eine zweite, sehr verbreitete Bedeutung: Es geht hier um die Bezeichnung eines bestimmten Typus von »wesentlichem«, »zentralem« Wissen, von spirituellem Raum, den es zu erreichen gilt, und zwar über Wege und Techniken, die – ja nach Schulen oder Strömungen verschieden – dorthin führen können. Dieser spirituelle Raum, dieser höhere Wissensgrad erhebt sich, so will man uns überzeugen, über alle Traditionen und Initiationen, die ihrerseits nur Wege dahin sein wollen. Für alle, die diesen Raum erreichen, ist er gleich, und er ist somit der Beweis oder der Garant einer »transzendentalen Einheit« der Traditionen. »Esoterik« bezeichnet in diesem spezifischen Zusammenhang sowohl die Wege, die zu diesem Ort führen, als auch den Ort selbst. Die Esoteriker, die diesen Begriff in seiner zweiten Bedeutung benutzen, tendieren notwendigerweise dazu, eine subjektiv gefärbte Sprache zu sprechen. Und wenn sie diese einmal vermeiden wollen, so geschieht dies auf die Gefahr hin, in eine normative oder doktrinäre Ausdrucksform zu verfallen. Wie dem auch sei, diese zweite Bedeutung ist für uns zu eng gefaßt, als daß wir uns damit begnügen könnten.

Daß man dieses Wort in diesen beiden verschiedenen und doch angrenzenden Bedeutungen benutzt, läßt sich ohne weiteres vertreten. Daneben gibt es leider auch andere Wege, an den Begriff »Esoterik« heranzugehen, indem man ihn mit bereits bestehenden Begriffen verwechselt und schließlich sogar identifizert, wie etwa mit dem Begriff »Initiation«. Dabei gibt es eine ganze Menge verschiedener Initiationen, deren Sinn und Zielsetzung ganz unterschiedlich sind, je nachdem, ob es sich um individuelle Einweihungspraktiken handelt (von einem Meister zu seinem Schüler) oder um kollektive Initiationen. Und ist Initiation nicht selbst wieder ein wesentlicher Bestandteil der meisten religiösen Traditionen? Wir möchten schließlich auf die Verwechslung hinweisen zwischen Esoterik und religiösem Außenseitertum, eine Verwechslung, die aus Unwissenheit oder aus Inquisitionsdenken aufrechterhalten wird; sie führt schließlich zu Sinnwidrigkeiten, aus denen das Sektierertum Profit schlagen kann, und macht jedes seriöse Herangehen an das eigentlich Esoterische unmöglich. Die esoterischen Strömungen lassen sich ihrer Natur nach, wenn man intellektuell ehrlich vorgeht, nicht als kirchliche Außenseiter definieren. Und was man in ihnen an Doktrinalem finden kann, ist eben genau nicht das, was sie als esoterisch auszeichnet. Geht man von doktrinalen Elementen aus, so kann man sicher sein, daß die Mißverständnisse so nur noch vertieft werden: Mit Hilfe von hier oder dort entnommenem Stückwerk aus Theologie oder aus Metaphysik errichtet man eine Irrlehre, die es de facto nicht gibt, die man allerdings nun zu leicht kritisieren kann. Es geht hingegen hier in erster Linie um eine Denkform; ihr zu folgen bedeutet weder die Ablehnung noch die Akzeptanz eines Dogmas. Und die Tatsache, daß häretische Vorstellungen sie manchmal begleiten können, hat nichts Esoterisches in sich. Selbst innerhalb der katholischen Kirche mangelt es nicht an solchen Denkern, die deswegen nicht unbedingt ketzerisch zu sein brauchen. Nichtsdestoweniger ist der Platz der esoterischen Strömungen in Beziehung zu den dominierenden Religionen zu verstehen. Im lateinischen Abendland waren und sind diese Beziehungen zu den katholischen und protestantischen Kirchen recht schwierig.

Die Schaffung eines Corpus zur Zeit der Renaissance

Wir sprechen hier also von »Esoterik« in einem sowohl allgemeineren als auch genaueren Sinn, in einer dritten Bedeutung, die weder »Geheimnis« noch »spiritueller Raum« ist, den es zu erreichen gilt. In einem allgemeineren Sinn, um nicht ganze Berge von Materialien auszuschließen, die gemeinsame Elemente aufweisen und sich als eine Art Einheit darstellen. In einem genaueren Sinn, um nicht außer acht zu lassen, daß die von diesem Wort hervorgerufenen Formen des Imaginären (die, wie wir noch weiter unten sehen werden, weit über die zwei zu eng begrenzten Deutungen hinausgehen, von denen wir oben gesprochen haben) von *den abendländischen Menschen* unter einer einzigen Vokabel zusammengefaßt werden. Natürlich gibt es auch anderswo als im Okzident Worte, die man dieser Vorstellung mehr oder minder anpassen wollte; aber sie haben andere Konnotationen oder verweisen auf zu mannigfaltige Bedeutungen, die vom Konzept her zu eng oder anthropologisch zu weit gefaßt sind, als daß sie sich hier auf unseren Forschungsbereich anwenden ließen. Im Fernen Osten oder in anderen Zivilisationen hat die Esoterik sogar nicht einmal ein Eigenstatut, was ihr hingegen im Abendland nicht fehlt. Oder noch deutlicher ausgedrückt: Der Verfasser dieser Zeilen hat immer noch nicht verstanden, was ein Begriff wie »universelle Esoterik« eigentlich ausdrücken könnte.

Wenn wir vom Abendland sprechen, so meinen wir damit diesen weiten griechisch-römischen, mittelalterlichen und modernen Komplex, in welchem stets zwei Religionen, die jüdische und die christliche, zusammengewohnt haben, zu denen sich während einiger Jahrhunderte dann noch der Islam gesellte. Die hier angestellten Überlegungen betreffen im wesentlichen die modernen esoterischen Strömungen, d. h. die des lateinischen Abendlandes seit dem Ende des 15. Jahrhunderts. Denn erst zu Beginn der Renaissance hat man offenbar damit begonnen, verschiedene Elemente (Texte, Strömungen) der Antike aus dem Bereich, der uns hier interessiert, zusammenzutragen, wobei man davon ausging, daß diese eine homogene Einheit darstellen könnten. Einige dieser Elemente stehen seit Beginn des 1. Jahrhunderts in enger Beziehung zu Formen hellenistischer Religiosität (Stoizismus, Gnostizismus, Hermetismus, Neupythagorismus) und später dann zu den drei abrahamischen Religionen. In der Renaissance taucht dann, vornehmlich bei Marsilio Ficino, Pico della Mirandola und andern, die Idee auf, diese Elemente als gegenseitig komplementär anzusehen und sie auf einen gemeinsamen Nenner zu bringen. So drang, vornehmlich nach 1492 (dem Jahr, in welchem die Juden aus Spanien vertrieben wurden), die jüdische Kabbala ins christliche Milieu vor und vereinte sich wider aller Erwarten mit dem neualexandrinischen Hermetismus in einem Licht von

Analogie und einem Klima universeller Harmonien. Die mehr oder minder klare Idee bestand darin, diese unterschiedlichen Elemente in Einklang zu bringen. So erfuhr die *prisca theologia* des Mittelalters eine Umwandlung und wurde zur *philosophia occulta* und *philosophia perennis*, zwei nicht unbedingt austauschbare Begriffe zur Bezeichnung eines verschwommenen Etwas, das sich am damaligen Mentalhimmel einer relativen Autonomie erfreute und von der Theologie im eigentlichen Sinne losgelöst war. Wirkliche oder mythische Vertreter der *philosophia perennis* sind wie die Glieder einer Kette und nennen sich Moses, Zarathustra, Hermes, Plato, Orpheus, Sibyllen usw. ... Und genau dies, von ein paar kleinen Nuancen abgesehen, bezeichnen einige Leute bereits seit dem Beginn des 19. Jahrhunderts als »Tradition«. Die Rolle des Historikers ist es nun nicht, sich zu fragen, ob es eine solche Tradition schon vor der Renaissance gegeben haben könnte, vielleicht unsichtbar und verborgen hinter dem Schleier der Geschichtsfakten, sondern vielmehr den Versuch zu unternehmen, das Auftauchen dieser Idee in Bildern und Abhandlungen zu erfassen, d.h. in den Formen, die sie bis heute annehmen konnte.

Diese Verselbstständigung eines Wissens gegenüber der offiziellen Religion, die immer mehr als »exoterisch« angesehen wurde, entpricht in der Tat zu Beginn des 16. Jahrhunderts dem Ausgangspunkt dessen, was man dann als Esoterik bezeichnet hat. Im Mittelalter war eine solche Verselbständigung nicht notwendig, da der Bezugspunkt dieses Wissens, nämlich die Formen des Imaginären, in denen es sich bewegte, in der Regel im Einklang mit der Theologie war. Dann gab diese allerdings jenen Teil von sich selbst auf, und das nunmehr freie Feld wurde schnell wieder in Beschlag genommen und von außen, d.h. von Kräften außerhalb des theologischen Umfeldes, neu interpretiert. Es wurde zu einem Wissensbereich, dessen Zugang nicht mehr selbstverständlich war, sondern eine neue wissenschaftliche Annäherung erforderlich machte: Wer von »Esoterik« spricht, meint damit »den Weg zu etwas, das *innerlicher* ist«, und dieses »Innere« ist nichts anderes als die Folge der Tatsache, daß man sich »außen« befindet. Im Mittelalter gibt es dieses »Innerlichere« nicht, da man stets »innen« ist. Man kann nicht deutlich genug die Rolle hervorheben, die die gelehrten Humanisten bei der Entstehung der modernen Esoterik gespielt haben: In ihrer Reaktion gegen die Inanspruchnahme der Philosophie durch die Scholastiker haben sie esoterische Wissenschaften wie etwa den Hermetismus oder die Kabbala fachlich aufgewertet – und damit ihrerseits eine andere Form von Mitbeschlagbelegen vorgenommen! Zu diesem Zeitpunkt ist Esoterik im Grunde nur etwas für Spezialisten; während die Theologen sich vornehmlich an Leute wenden, die zu »verstehen« imstande sind, besteht die Zielgruppe dieser Spezialisten eher aus Leuten, die »wissen«, d. h. die notwendigerweise belesen sind.

Dieses Wissen umfaßt welche Gebiete? Im wesentlichen geht es um die Verbindung von den metaphysischen Prinzipien mit der Kosmologie. Solange diese Verbindung ohne jegliche Probleme und der kosmogische Bereich, d. h. der Bereich der »sekundären Ursachen«, dem metaphysischen untergeordnet war, war eine esoterische Idee so gut wie nicht erkennbar. Als aber die Naturwissenschaften sich von der Theologie freimachten und ein Eigenleben begannen – ein Prozeß, der im Christentum und im Islam schon im 12. Jahrhundert beginnt –, konnte sich der eigentliche esoterische Bereich breitmachen, der dann mit einsetzender Renaissance den Berührungspunkt von Metaphysik und Kosmologie bildete, d. h. wie eine außertheologische Form von Verbindung des Einzelnen zum Universalen funktionierte. Allerdings beschäftigte man sich eher mit kosmologischen als mit theologischen Spekulationen: Bei

Giordano Bruno gibt es recht wenig Metaphysik, und die Alchemisten dachten eher alchemistisch über die Gottheit nach, statt göttlich über die Alchemie nachzudenken.

Von diesem Zeitpunkt an, und bis in unsere Tage, bildet sich ein weites Feld, das aus grundlegenden Komponenten besteht, die man von einem vielförmigen, historischen Corpus aus erfassen kann. Bevor wir nun die einzelnen Komponenten erläutern, werfen wir zunächst einen Blick auf dieses Corpus selbst. Da gibt es einerseits die drei Ströme, die drei »traditionnellen Wissenschaften«, die nicht unbedingt mit einer besonderen Zeitepoche verbunden sind. Es handelt sich um die Alchemie, die Astrologie und die Magie (im Sinne von *magia* wie zur Zeit der Renaissance), zu denen sich im allgemeinen eine Arithmosophie (oder Kenntnis der Zahlen) gesellt, die natürlich ihrerseits wieder in Verbindung steht mit den verschiedenen Formen der musikalischen Esoterik. Diese Wissenschaften sind heute noch lebendig und stehen miteinander in enger Beziehung. Daneben gibt es dann eine gewisse Anzahl an Flüssen, die sich selbst ihr Bett gegraben haben, und zwar zu bestimmten Zeitpunkten, die man gut nachverfolgen kann (und dies oft auf der Grundlage von »Gründertexten«); sie sind den drei großen Strömen keineswegs fremd, da sich alles ständig gegenseitig duchdringt. Zu diesen Flüssen gehören seit dem Ende des 15. Jahrhunderts die christliche Kabbala, eine Variante der jüdischen Kabbala, der neualexandrinische Hermetismus, Abhandlungen ausgehend von der Idee der *philosophia perennis* und der »Urtradition«, die Naturphilosophie à la Paracelsus und dann romantisch im Stile der deutschen *Naturphilosophie*, dann ab dem 17. Jahrhundert die Theosophie und das Rosenkreuzertum (beides zunächst deutschen Ursprungs) und schließlich andere Vereinigungen, vornehmlich initiatische Gesellschaften, die mehr oder minder im Sog des Rosenkreuzertums erschienen sind.

Man hätte annehmen können, daß diese Bewegungen und Strömungen mit der Renaissance versiegen würden. Aber sie haben den großen epistemologischen Riß des 17. Jahrhunderts überlebt, und die Wissenschaftsgläubigkeit des 19. Jahrhunderts hat sie nicht zum Versiegen gebracht. Und heute ist die Esoterik gegenwärtiger denn je. In der frühen und modernen Neuzeit erscheint ihre stetige Anwesenheit als ein Gegengewicht zur wissenschaftlichen und säkularisierten Vision unserer Welt. Allerdings wäre es ein großer Irrtum, diese Langlebigkeit auf ein einfaches Reaktionsbedürfnis gegenüber dem Imaginären des säkularisierten, offiziellen *episteme* zu reduzieren. Es handelt sich hier offenbar weniger um eine Reaktion, als um eine der möglichen Formen, die einer der beiden Pole des menschlichen Geistes, nämlich das mythische Denken, annimmt, um sich zu aktualisieren; der andere Pol ist der des sogenannten rationalen Denkens, das sich im Abendland im Umfeld einer aristotelistischen Logik entwickelt hat.

Wir haben es hier mit einem zusammengeflickten Corpus zu tun, das es in seinen Beziehungen zu seinen eigenen Komponenten zu untersuchen gilt wie auch in bezug auf die verschiedenen religiösen, politischen und kulturellen Zusammenhänge, von denen es nicht loszulösen ist. Ein mächtiges Corpus und komplexe Zusammenhänge, zumal das, was darin mit Esoterik zu tun hat, nicht immer auch dessen Namen trägt. Es gibt Leute, denen ergeht es wie Monsieur Jourdain mit der Prosa, und dann wieder andere, die, im Gegenteil, sich nur dieses Etikett aufkleben, während ihr Tun nicht weiter reicht als das einer Wahrsagerin, oder die sich dieses Begriffes bedienen, um ihrer Lehre einen Namen zu geben. Was aber die esoterischen Strömungen als solche erkennen läßt, ist nicht etwa ein Wort, sondern erkennbare Zeichen, vergleichbar vielleicht mit einem Gott, der sich für uns heute weniger dank seines Namens identifizieren läßt als durch seine Eigenschaften oder Attribute. Keines der weiter unten beschriebenen Zeichen oder Komponenten hat einen doktrinalen Charakter. Natürlich geht es hier auch nicht darum, Esoterik auf verschiedene Art und Weise zu definieren, wie es die Esoteriker selbst gerne tun, noch von Voraussetzungen auszugehen, was Esoterik sein »müßte«, im Gegensatz zu bestimmten Leuten heutzutage, die sich gerne darauf berufen und ihre Anschauung dann über die der andern stellen. Greift man das Ganze allerdings phänomenologisch als eine Denkform auf, als eine Ganzheit von Tendenzen, die es zu beschreiben gilt, dann erlaubt dies, dem historischen Tatbestand gerecht zu werden.

Ohne den historischen Hintergrund in Frage zu stellen, kann man zunächst einmal Begriffe zusammenstellen, die auf den ersten Blick als esoterisch erscheinen, da die Esoteriker sie bereits als solche eingestuft haben. So etwa die *magia naturalis* (die sogenannte natürliche Magie) oder die Sophiologie (die Kommentare über die Sophia des Alten Testamentes, die Vermählung unserer Seele mit Sophia). Allerdings scheint dieser Ansatz sicherlich nicht der glücklichste zu sein, um das Problem anzupacken. In der Tat kann die Idee der *magia naturalis* eine esoterische Färbung annehmen, allerdings muß dies nicht immer der Fall sein, hängt es doch vor allem von den Autoren ab, die darüber schreiben. Die göttliche Weisheit (Sophia) gehört im lateinischen Abendland fast ebenso zur Theologie wie zur theosophischen Tradition.

Man tut diesen Gegebenheiten auch kein Unrecht, wenn man die Bilder, Symbole und Lieblingsmotive zusammenstellt, die die esoterische Literatur bisweilen bis zum Überdruß benutzt. Hierzu gehören der androgyne Mensch, der Sündenfall, der Stein der Weisen, der feinstoffliche Körper, das verlorene Wort, die Weltenseele, die sakrale Geographie, das unterirdische Gewölbe, die Mandalazeichnung oder das Labyrinth, das magische Buch und

Persönlichkeiten wie Hermes oder Orpheus. Und man könnte leicht noch ein gutes Dutzend anderer Elemente hier aufführen. Aber eine solche Thematik kann wohl kaum zur Charakterisierung des esoterischen Bereiches dienen, da die meisten dieser Themen sich fast überall, wenn auch in verschiedenen Verkleidungen, wiederfinden. Natürlich kann man sich für eine gewisse Thematik und für Archetypen interessieren, indem man das esoterische Feld erforscht, nur deckt sich dieses weder mit der jungschen Psychologie noch mit dem Imaginären ganz allgemein. Das bloße Vorhandensein eines mehr oder minder universellen Themas in einem Werk erlaubt noch nicht, dieses in den Bereich der Esoterik einzuordnen, es sei denn, man streitet diesem Bereich seine Eigenart ab. Und diese Frage ist von weittragender Bedeutung! Sie betrifft nicht nur das stets zu befürchtende Verschwinden des Bereiches, der uns hier interessiert, in einem Diskurs, der darauf angelegt ist, ihn für andere Zwecke einzuspannen. Darüber hinaus geht es hier um den Status der historischen Stellung in bezug auf die Anthropologie und *vice versa*. Die Beziehung zwischen Geschichte und Anthropologie, die eigentlich komplementär sein müßte, ist oft schwierig aufgrund eines zur Vereinfachung neigenden Historizismus bei den einen und einer Tendenz zum Amalgamieren bei den andern.

Die Komponenten der Esoterik als Denkform

Im modernen Okzident bezeichnen wir als »Esoterik« eine Denkform, die sich anhand von sechs grundlegenden Charakterzügen oder Komponenten identifizieren läßt. Vier davon sind »grundlegend«, d.h. ihr gemeinsames Vorhandensein ist eine notwendige und auch ausreichende Voraussetzung für die Zuordnung eines Werkes zur Esoterik.

Ihrer Natur nach sind sie mehr oder minder untrennbar, wie wir noch sehen werden, aber methodologisch gesehen ist es wichtig, sie wohl zu unterscheiden. Hinzu kommen zwei Komponente, die wir als sekundär bezeichnen möchten, da sie nicht grundlegend sind; allerdings trifft man sie sehr häufig neben den anderen vier Elementen. Die vier Grundelemente sind folgende:

1. *Die Entsprechungen.* Diesem Grundsatz gemäß bestehen symbolische und reale Wechselbezüge zwischen den sichtbaren und den unsichtbaren Teilen des Universums (»Wie oben, so unten; wie unten, so oben«). Man trifft hier wieder auf das seit dem Altertum bekannte Mikrokosmos-Makrokosmos-Weltbild oder, wenn dies eher zusagt, auf die Idee von der universalen Wechselbeziehung. Auf den ersten Blick sind diese Entsprechungen mehr oder minder verdeckt, müssen also zunächst erlesen und entziffert werden. Das gesamte Universum ist ein riesiges Spiegeltheater, ein großes Ensemble aus Hieroglyphen, die es zu entschlüsseln gilt. Alles darin ist Zeichen, alles in ihm verbirgt und enthält Geheimnisvolles, und jedes Objekt verbirgt ein Geheimnis. Die Prinzipien der Widerspruchsfreiheit und des ausgeschlossenen Dritten, die einer kausalen Linearität entsprechen, werden hier überlagert von denen des eingeschlossenen Dritten und der Synchronizität. Zwei Arten von Entsprechungen lassen sich unterscheiden. Zunächst einmal die, die in der sichtbaren oder unsichtbaren Natur existieren, wie z. B. die Beziehung zwischen den sieben Metallen und den sieben Planeten, zwischen den Planeten und den verschiedenen Teilen des menschlichen Körpers oder dem Charakter (oder der Gesellschaft) – wie in der Astrologie –, zwischen der natürlichen Welt und den unsichtbaren Abteilungen der himmlischen und überhimmlischen Welt usw. Schließlich gibt es Entsprechungen zwischen der Natur (dem Kosmos) oder sogar der Ge-

schichte und »geoffenbarten« Texten, so etwa in der jüdischen oder christlichen Kabbala und in verschiedenen Varianten der *physica sacra*. Entsprechend dieser Form von inspiriertem Übereinstimmungsdenken (Konkordismus) geht es darum zu »sehen«, daß die Schrift (wie etwa die Bibel) und die Natur notwendigerweise im Einklang sein müssen, wobei die Kenntnis des einen die Erkenntnis des anderen erleichtert. Denn im Grunde ist die Weltenszene ein linguistisches Phänomen. Aber Entsprechungen und Überreinstimmungsdenken bedeuten noch lange keine »Esoterik«; man findet sie ebenso in vielen philosophischen und religiösen Strömungen, wobei jede die Natur ihres eigenen Netzes aus Analogie und Ähnlichkeit mehr oder minder selbst bestimmt. Dieses Prinzip ist aktiv sowohl in den divinatorischen Prozessen als auch in der Dichtkunst und in der Hexerei – wobei diese drei keineswegs Synonyme von Esoterik sind ...

2. *Die lebende Natur.* Der Kosmos ist komplex, vielfältig und von einem hierarchischen Prinzip beseelt, wie wir es gerade am Beispiel der Idee der Entspechungen gesehen haben, was wiederum den wesentlichen Platz erklärt, den die Natur einnimmt. Diese ist dermaßen reich an möglichen Offenbarungen, daß man in ihr wie in einem Buch lesen muß. Der im Imaginären der Renaissance so bedeutende Begriff der *magia* erinnert genau an diese Idee einer Natur, die in all ihren Formen als im wesentlichen lebendig angesehen und die oft von einem Licht oder einem verborgenen Feuer beseelt und durchflossen wird. So verstanden ist »Magie« sowohl die Kenntnis der Sympathie- und Antipathie-Netze, welche die verschiedenen Elemente der Natur miteinander verbinden, als auch die konkrete Anwendung dieses Wissens (denken wir dabei etwa an die astralen Kräfte, mit denen der Magier einen Talisman lädt, an die Orphik in all ihren Formen, vornehmlich den musi-

kalischen, an die Nutzung von Steinen, Metallen oder Pflanzen zur Wiederherstellung eines physischen oder psychischen Gleichgewichtes). Auf gleicher Ebene liegt auch die von Paracelsus ausgehende breite, vielfach verzweigte Bewegung, die vom tierischen Magnetismus bis zur Homöopathie reicht und dabei alle Formen der *magia naturalis* umfaßt, einem komplexen Begriff am Schneidepunkt von Magie und Wissenschaft. Mehr als die eigentlichen Praktiken scheint die Erkenntnis, im Sinne von »Gnosis«, zu einer esoterischen Haltung beizutragen; das Wissen im Sinne Goethes, der seinen Faust sagen läßt, er brenne vor Verlangen, »zu erkennen, was die Welt im Innersten zusammenhält« und »alle Wirkenskraft und Samen« zu schauen (Verse 382–384). Hinzu kommt oft eine Interpretation einer Lehre des Hl. Paulus (Römerbrief, VIII, 19–22) mit großer Bedeutung für die Alchemie und die esoterischen *Naturphilosophie*. Nach dieser Lehre soll die leidende Natur, der sowohl Verbannung als auch Eitelkeit nicht fremd ist, ebenfalls am Heil teilhaben wollen. Dies begründet eine Wissenschaft von der Natur, eine an soteriologischen Elementen reiche Gnosis, eine Theosophie, die sich mit dem Dreieck »Gott-Mensch-Natur« beschäftigt, von wo aus der Theosoph eine Art dramaturgischer Entsprechungen ausgehen läßt, die stets neu sind und sich gegenseitig ergänzen.

Seit Beginn des 20. Jahrhunderts kann man allerdings im Gefolge einer ontologisch dualistischen Metaphysik – und einer Theologie, die seit dem 19. Jahrhundert die Natur vernachlässigt hat, indem sie das Universum der Wissenschaft überließ – das Auftauchen einer Form von monistischem Spiritualismus beobachten, in welchem die Natur (die geschaffene Welt) oft vernachlässigt, ja sogar unter dem Einfluß orientalischer, vornehmlich hinduistischer Lehren in ihrer Realität verneint wird: eine Bewegung, die der Natur, im günstigsten Fall, einen sehr untergeordneten

Platz einräumt und die Modernität sowie auch die Wissenschaften, die sich von ihr ableiten, ablehnt. Für den Beobachter aktueller Tendenzen handelt es sich um ein interessantes Phänomen und für den Historiker um eine derivative Strömung.

3. *Imagination und Mediationen (Einbildungskraft und Vermittlungen).* Diese beiden Begriffe sind eng verflochten und ergänzen sich. Die Idee der Entsprechung setzt bereits eine Form von Einbildungskraft voraus, die in der Lage ist, alle Arten von Vermittler wie Rituale, Symbolsprache, Mandalas usw. zu erfassen und zu benutzen. Dies erklärt in diesem Zusammenhang die Bedeutung der Angelologie, aber auch die des »Übermittlers« im Sinne des »Initiators«, des »Gurus« (siehe hierzu weiter unten im Zusammenhang mit dem sechsten Element). Vielleicht ist es auch gerade dieser Begriff der Vermittlung, der Mystik von Esoterik unterscheidet. Etwas vereinfacht könnte man sagen, daß der Mystiker – im streng klassischen Sinn – auf eine mehr oder minder vollständige Unterdrückung der Bilder und der vermittelnden Symbole hofft, da diese Hindernisse sind für sein Streben nach Einheit mit Gott. Der Esoteriker dagegen interessiert sich mehr für diese Vermittlungselemente, die sich seinem inneren Blick dank seiner schöpferischen Einbildungskraft offenbaren, als daß er sich nach einer Einheitserfahrung mit Gott sehnt; er verharrt lieber auf der Jakobsleiter und schaut zu, wie Engel – und gewiß auch andere Wesenheiten – auf den Sprossen hinauf- oder hinabsteigen, statt darüber hinauszugehen. Eine solche Unterscheidung hat jedoch nur eine pragmatische Bedeutung, denn bei den Mystikern taucht manchmal durchaus einiges an Esoterik auf (Hildegard von Bingen), und bei manchen Esoterikern ist ein Hang zur Mystik unverkennbar (Louis-Claude de Saint-Martin).

Die Einbildungskraft erlaubt, diese vermittelnden Symbole und Bilder im Hinblick auf die Gnosis zu benutzen, um die Hieroglyphen der Natur zu entziffern, um die Theorie der Entsprechungen in die Praxis umzusetzen, um die zwischen der göttlichen Welt und der Natur vermittelnden Wesenheiten zu entdecken, zu sehen und kennenzulernen. Es wäre interessant, die Geschichte der Einbildungskraft im Abendland zu schreiben bzw. die des Status, der ihr im Laufe der Jahrhunderte beigemessen wurde. Die Imagination, um die es hier geht, ist keineswegs eine einfache psychologische Fähigkeit, die wie bei Kant eingeklemmt ist zwischen Wahrnehmung und Begriff, oder die »wahre Meisterin des Irrtums und der Falschheit« (Pascal), der vor allem diejenigen zum Opfer fallen, die aus der Welt fliehen wollen und dabei in ihrem eigenen inneren Wesen gefangen bleiben. Hier geht es vielmehr um eine Art Seelenorgan, dank dessen der Mensch eine kognitive und visionäre Verbindung knüpfen kann zu einer Zwischenwelt, einem Mesokosmos – den man wie Henry Corbin als *mundus imaginalis* bezeichnen könnte. Arabisches Denken (Avicenna, Sohravardhî, Ibn Arabî) konnte hier das Abendland entscheidend beeinflussen, und ohne diesen Umweg hat die paracelsische Bewegung durchaus vergleichbare Kategorien wiederentdeckt. Vor allem der Wiederentdeckung des *Corpus Hermeticum* am Ende des 15. Jahrhunderts ist es zu verdanken, daß Erinnerung (*memoria*) und Imagination fast bis zum Einswerden zusammenrückten, denn ein Teil der Lehre des Hermes Trimegistos besteht darin, die Welt in unserem Geist zu »verinnerlichen«; daher auch die »Gedächtniskünste«, die in einem Licht von Magie während und nach der Renaissance gepflegt wurden.

So gesehen ist die Einbildungskraft oder Imagination (das lateinische Wort *imaginatio* ist verwandt mit *magnet, magia, imago*) ein Mittel, um sich selbst, die Welt, den Mythos zu erfassen; sie ist das Feuerauge, das die Rinde der

Äußerlichkeiten durchdringt, um Bedeutungen, »Beziehungen« hervorbrechen zu lassen, um Unsichtbares, »*mundus imaginalis*« sichtbar zu machen, zu welchem das körperliche Auge keinen Zugang hat, und um dort einen Schatz zu finden, der es uns erlaubt, unser prosaisches Gesichtsfeld etwas zu erweitern. Der Schwerpunkt liegt eher auf Vision und auf Gewißheit als auf Überzeugung und Glauben. Diese Imagination ist die Basis einer visionären Philosophie. Vor allem innerviert sie den theosophisches Diskurs, wo sie sich voll entfalten kann, wobei sie von Meditationen über Verse des offenbarten Buches ausgeht, wie etwa in der jüdischen Kabbala mit dem *Zohar* oder in der grossen theosophischen Strömung des Abendlandes, die zu Beginn des 17. Jahrhunderts in Deutschland ihren eigentlichen Ausgang nimmt.

4. *Die Erfahrung der Transmutation.* Sieht man in der Erfahrung der Verwandlung oder Transmutation keine wesentliche Komponente, dann wird das Vorhergehende kaum die Grenzen einer spekulativen Spiritualität überschreiten. Man weiß aber auch um die Bedeutung des Initiatischen, das selbst so landläufige Begriffe wie »Esoterik«, »Gnosis« oder »Alchemie« hervorrufen. In diesem Zusammenhang von »Transformation« zu sprechen, ist nicht ganz adäquat, denn der Begriff bedeutet nicht notwendigerweise den Übergang von einer Ebene zur andern und auch nicht die Veränderung der Natur des Objekts und des Subjekts selbst. Der aus der Alchemie entliehene Begriff der »Transmutation« scheint hier besser angepaßt, und wir verstehen darunter auch eine Art von »Metamorphose«. Es geht darum, Erkenntnis (Gnosis) und innere Erfahrung oder intellektuelle Aktivität und aktive Imagination nicht zu trennen, will man Blei in Silber und Silber in Gold verwandeln. Mit dem Namen »Gnosis« bezeichnet man in den esoterischen Strömungen des Okzidents

oftmals diese erleuchtete Erkenntnis, die eine »zweite Geburt« ermöglichen soll; dieser Begriff ist vor allem für die Theosophie von großer Bedeutung. Man hat den Eindruck, als habe, vornehmlich seit Beginn des 17. Jahrhunderts, ein bedeutender Teil des alchemistischen Corpus weniger das Ziel gehabt, die Laborversuche zu beschreiben, als diese Transmutation nach einem festgelegten Schema bildlich darzustellen: *nigredo* (die Schwärzung, Tod, Enthauptung der Urmaterie oder des Alten Mannes), *albedo* (die Weißung), *rubedo* (die Rötung, Stein der Weisen). Ein Vergleich mit den drei Phasen des traditionellen mystischen Weges – *purgatio, illuminatio, contemplatio* – liegt auf der Hand. In solchen Zusammenhängen wird oft angedeutet, daß die Transmutation sowohl die einer Parzelle der Natur als auch die des Experimentators selbst sein kann.

Dies sind also die vier Grundelemente, auf denen der hier vorgeschlagene methodologische Zugang zur modernen Esoterik des Abendlandes beruht. Hinzu kommen nun zwei weitere Elemente, die man als »relativ« bezeichnen kann, da sie zur Definition nicht unbedingt notwendig sind; es ist jedoch interessant, diese beiden Elemente in ihrer Eigenart hier zu betrachten, da sie sehr oft die vier anderen Komponenten begleiten. Es handelt sich um das, was man einerseits als die Praxis der Konkordanz und andererseits als die Transmission oder Initiation durch Meister bezeichnen könnte.

5. *Die Praxis der Konkordanz.* Mit diesem Begriff bezeichnet man nicht etwa ein der gesamten abendländischen Esoterik eigenes Element, sondern ein besonders für den Beginn der Neuzeit (Ende des 15. und 16. Jahrhunderts; siehe hierzu weiter oben bezüglich *philosophia perennis*) typisches Phänomen, das schließlich gegen Ende des 19. Jahrhunderts in anderer, verallgemeinernder Form wieder auf-

tauch. Es handelt sich um eine Tendenz, gemeinsame Nenner zwischen zwei, drei, sogar allen verschiedenen Traditionen aufzeigen zu wollen in der Hoffnung, dabei auf eine Gnosis oder Erkenntnisquelle von höherer Qualität zu stoßen.

Natürlich gibt es eine Praxis der Konkordanz, die man als »äusserlich« bezeichnen könnte, basiert sie doch allein auf der Anerkennung oder auf dem einfachen Respekt gegenüber allen bestehenden Religionen; diese gilt es zu untersuchen im Hinblick auf Gemeinsamkeiten, die dann eventuell die Menschen, die guten Willens sind, in einem Geist der gleichgültigen oder aktiven Toleranz vereinen könnten. Die Konkordanz, um die es hier geht, ist jedoch ganz anderer Natur. Sie möchte kreativer sein, betrifft die individuelle Erleuchtung mehr noch als die Gemeinschaft, und ist Ausdruck des Wunsches, nicht nur die Unterschiede aufzuheben oder Gleichklänge in den verschiedenen Religionen zu betonen, sondern vor allem eine *Gnosis* zu erreichen, die im gleichen Schmelztiegel verschiedene Traditionen erglühen lassen will, um so im Menschen das Bild des lebendigen und verdeckten Stammes zu entwickeln – im fotografischen Sinne des Wortes –, dessen sichtbare Äste die jeweiligen Traditionen sind. Diese Tendenz verstärkt sich zunehmlich ab dem 19. Jahrhundert als Folge einer besseren Kenntnis des Orients und dann auch dank des Einflusses einer neuen akademischen Disziplin, der »Vergleichenden Religionswissenschaft«. Dies geht sogar soweit, daß die Verteidiger des Traditionalismus – im Englischen spricht man von den *perennialists* – laut verkünden und lehren, es gäbe eine »Urtradition«, die über allen andern religiösen und esoterischen Traditionen der Menschheit stehe.

6. *Transmission oder Initiation durch Meister.* Die Hervorhebung des Begriffes Transmission setzt voraus, daß eine esoterische Lehre vom Meister auf den Schüler übertragen

werden kann oder muß, wobei sie einem zuvor festgelegten Schema folgt und bestimmte Paradigmen respektiert.
Dies ist angeblich der Preis dieser »zweiten Geburt«. Zwei
weitere Begriffe kommen hinzu: 1. die Gültigkeit der über-
mittelten Kenntnisse durch eine Linie, deren Authentizität
oder »Korrektheit« nicht bezweifelt werden kann (es geht
hier um eine Rückkoppelung an eine Tradition, die als ein
organisches Ganzes angesehen ist und deren Integrität man
respektieren muß); 2. die Initiation, die normalerweise
durch einen Meister stattfindet (man initiiert sich nicht
selbst, der Weg führt stets über einen Initiator, einen Tra-
ditor, einen Guru). Die Bedeutung dieser Voraussetzungen
für die Entstehung und Entwicklung der initiatischen, geheimen oder verschwiegenen Gesellschaften im Abendland braucht nicht besonders hervorgehoben zu werden.

Genauso wie es eine esoterische Denkform gibt, gibt es
auch eine wissenschaftliche, mystische, theologische oder
– allerdings etwas später – utopische Denkform. Die Eigenart einer jeder dieser Denkformen besteht in der gleichzeitigen Anwesenheit einer gewissen Anzahl an Grundzü-
gen oder Komponenten, wobei jede einzelne Komponente
natürlich in verschiedenen Denkformen vorhanden sein
kann. Jede hat ihr eigenes Vorgehen und verknüpft die
Komponenten auf ihre Art und Weise, was zur Schaffung
eines Literaturkanons, einer Kultur führt. So gibt es Referenzen, die mehreren Denkformen gemeinsam sind, etwa,
um ein Beispiel zu nennen, dem »mystischen« und dem
»esoterischen« Denken. Zu dieser letzten Denkform un-
terhält die »wissenschaftliche« eine komplexe und zwie-
spältige Beziehung, wobei es insbesondere um gewisse
Auffassungen von der Natur geht. Interessant zu beobachten sind vor allem die Gegensätze und Ablehnungen, die
sich nicht nur aus der Unvereinbarkeit bestimmter Komponenten zwischen zwei Denkformen erklären lassen,
sondern auch aus einem epistomologischen Bruch inner-

halb einer von ihnen; so stand die »theologische« Denkform, solange sie sich noch in Form einer symbolischen Theologie manifestierte (bei den Urvätern, in der Schule von Chartres oder bei dem hl. Bonaventura), der Esoterik ziemlich nahe (jedoch ohne daß beide eineinander verschwammen), aber mit dem Erscheinen der Scholastik im 13. Jahrhundert ist die Theologie immer mehr in Widerspruch zur Esoterik getreten.

Die Beschäftigung mit den esoterischen Strömungen im Abendland bedeutet also zunächst den Nachweis des gleichzeitigen Vorhandenseins ihrer sechs Komponenten in den Werken und im Diskurs, der davon handelt. Diese Komponenten können auf sehr unterschiedliche Art und Weise verteilt sein. Außer in den klar als esoterisch ausgewiesenen Werken kann man sie in der Musik, in der Kunst und in der Literatur nachweisen. Unzählig sind zum Beispiel die Arbeiten, die diesem Aspekt in Shakespeares Dramen nachgehen.

Die Vorteile einer empirischen Annäherung

Weit davon entfernt, auf doktrinalen Inhalte zu verweisen, bilden die sechs Elemente vielmehr Sammelbecken für die verschiedenen Arten von Erfahrungen oder Vorstellungen beziehungsweise imaginären Weltbildern. Man kann dort sowohl eine hierarchische Sichtweise einströmen lassen, etwa nach Art der Neuplatoniker (hierarchisch betrachtet steht oben über unten), als auch eine nicht hierarchische im Stile der Neuhermetiker (Gott ist sowohl in einem Samenkorn als auch anderswo; der Heliozentrismus ändert nichts am Wesentlichen usw). Auch die »Transmutation« kann theologisch unterschiedliche Formen annehmen, je nachdem, ob man an die Existenz von »feinstofflichen (subtilen) Körpern« glaubt oder nicht. Oder eine Thesosophie kann sowohl »emanationistisch« als auch »kreationistisch« (*creatio ex nihilo*) sein; sie kann die Reinkarnationsidee akzeptieren oder ablehnen, ohne daß dies ihren »esoterischen« Charakter selbst in Frage stellt! In der Tat geht es hier weniger um eine Frage des Glaubens als um die des »Erkennens« oder des »Sehens«... Es scheint demnach eher angebracht, ähnliche grundlegende Elemente aufzusuchen, die als imaginäres Sammelbecken fungieren, statt doktrinale Ansätze aus dem Bereich explizierter Glaubensbekenntnisse finden zu wollen. Dies hat sogar zwei Vorteile.

Der erste Vorteil besteht darin, daß dies den Versuch einer möglichen Begrenzung dieses Feldes erleichtert. Eine Grenze, die zum Glück so unbestimmt ist, daß ihr interdisziplinärer Charakter, der weit auf die Kunst, die Kirchen, die Politik, die Literatur und die Geschichte der Ideen übergreift, gefördert und bewahrt bleiben kann. In der Geschichte der Ideen ist es einer der interessanten Aspekte moderner Esoterik, zu beobachten, wie gewisse Vertreter derselben sich der Moderne, ja sogar der Postmoderne anpassen, während andere sie ablehnen. Eine richtig verstandene Pluridisziplinarität respektiert die Eigenart der einzelnen Disziplinen, damit keine von ihnen zu expansionistischen Nachbarinnen verschluckt wird. Dies setzt natürlich voraus, daß jede ihre Aufgabe in einem nicht zu »verallgemeinernden« Sinn definiert, will sie nicht im Meer der Nachbarinnen ertrinken.

Deshalb scheint das Vorhaben, einen für die »universelle« Esoterik allgemein gültigen Bereich festzulegen, kaum angetan, dieser Disziplin eine solide Grundlage zu verschaffen. Gewiß gibt es in anderen Kulturkreisen (wie etwa im Alten Ägypten, im Fernen Osten, in den indianischen Zivilisationen Amerikas usw.) so etwas wie »Esoterik«, und man ist natürlich versucht, eine »universelle« Esoterik daraus zu machen und sich auf die Suche nach ihren unveränderlichen Komponenten zu begeben. Erst in jüngster Zeit hat Pierre A. Riffard (*L'Esotérisme*, Paris, R. Laffont 1990, 311–364) den Versuch unternommen, solche unveränderlichen Komponenten aufzuzeigen wie etwa: die Unpersönlichkeit der Autoren, der Gegensatz zwischen Nichteingeweihten und Eingeweihten, das Feinstoffliche (»Subtile«), die Entsprechungen, die Zahlen, die okkulten Wisssenschaften, die geheimen Künste und die Initiation. Riffard hat den Text der *Tabula Smaragdina* untersucht und dabei diese acht unveränderlichen Komponente gefunden (nebenbei bemerkt findet man in dieser *Tabula Smaragdina* auch unsere vier notwendigen Komponenten sowie das zweite der sekundären Elemente). Dies beweist, daß seine Taxinomie sich zumindest in gewissen Fällen anwenden läßt. Wenn wir also auch bezüglich der Entsprechungen und der Initiation (was in etwa unserer »Transmission« und unserer »Transmutation« entspricht) einer Meinung sein können, so gilt dies nicht mehr für die restlichen sechs unverändlichen Komponenten nach Riffard. Der Ansatz von Riffard ist immerhin verschieden von unserem, geht es ihm doch darum, das Vorhandensein seiner acht unveränderlichen Komponenten seit dem Beginn der Geschichte der Zivilisation aufzuzeigen – ein gewiß mutiges und anregendes Unterfangen, das allerdings eher als Forschungsmethode innerhalb weitgefaßter und schon bestehender Bereiche taugt wie etwa der Geschichte der Philosophie (unter der Voraussetzung, daß es sich um die Universalgeschichte der Philosophie handelt), den Arbeiten über das Imaginäre oder der Anthropologie im weitesten Sinne. Es scheint von der Methode her sicherer, von der empirischen Vorstellung auszugehen, daß die Esoterik ein abendländischer Begriff ist und daß dieser auf ein bereits ausreichend unterschiedliches und weitverzweigtes abendländisches Material verweist, so daß es ratsam erscheint, dieses Material nicht auch noch außerhalb dieses Kontextes studieren zu wollen. So ist die Esoterik, wie Riffard sie auffaßt, nicht das, was wir zu umreissen trachten, denn für uns geht es um die Suche von nicht unveränderlichen (nicht universellen) Komponenten, von Elementen, die: a) nachweisbar sind in einem bestimmten Zeitabschnitt und einer bestimmten geographischen Zone; b) ausgerechnet in einer Zeit zusammengebracht wurden, wo man Namen oder Ausdrücke (wie *philosophia perennis, philosophia occulta* etc.) erfand, um sie in ihrer Gesamtheit zu erfassen. Unser Unterfangen ist wesentlich begrenzter, erlaubt aber, gewisse Anachronismen zu vermeiden, wie folgendes Beispiel zeigt.

Heute, wie bereits seit drei Jahrhunderten, mangelt es nicht an Leuten, die voller Begeisterung in der altägyptischen Religion eine Esoterik sehen wollen, die sich in Form von Mysterien, Symbolen, Initiationen und für den Profanen verborgenen Kenntnissen äußert. Selbst wenn wir davon ausgehen, daß ihre Beobachtungen richtig sind, so beschreiben sie doch nichts anderes als eine Religiosität, die man auch in anderen religiösen Strömungen beobachten kann; und es ist nicht einzusehen, warum man dies als »Esoterik« bezeichnen sollte. Dagegen scheint es sachdienlicher und auch vertretbarer, die Formen von Ägyptomanie und Ägyptophilie zu untersuchen, die für den abendländischen Esoteriker so typisch sind, denn wenn es eine ägyptische Esoterik gäbe, dann würde sie zunächst einmal in unserem modernen Imaginären bestehen. Die Frage, ob dieses seit dem 17. Jahrhundert widerspiegelt – oder auch nicht –, was wirklich dieses Alte Ägypten war, betrifft, wenn überhaupt, dann nur sehr indirekt, den Historiker, der sich für die abendländischen esoterischen Strömungen interessiert.

Die Begrenzung des Forschungsfeldes bedeutet auch, daß man es nicht auf Nachbargebiete ausdehnen sollte, auch wenn diese Überschneidungen und ähnliche Konzeptionen aufweisen. Ein Phänomen wie das New Age, so interessant es auch für einen Soziologen, Psychologen oder Religionsgeschichtler sein mag, gehört eher zu den sogenannten Neuen Religiösen Bewegungen als zu den eigentlichen esoterischen Strömungen (das Feld dieser Neuen Religiösen Bewegungen ist von großer Bedeutung, die man auf Universitätsebene erst jetzt zu erfassen beginnt; man müßte hierfür neue Lehrstühle einrichten). Interessant ist es immerhin zu erforschen, inwiefern das imaginäre Weltbild des New Age in den vorhergehenden esoterischen Strömungen wurzelt. Auch die so oft mit den modernen esoterischen Strömungen in Verbindung gebrachten Bereiche wie Parapsychologie und Hexerei gehören nicht dazu. Auch gibt es Institutionen wie etwa die Freimaurerei, die nur in einigen ihrer Aspekte zur Esoterik gehören (es gibt daneben auch Formen der Freimaurerei, wo diese Aspekte fast ganz fehlen).

Der erste Vorteil dieser Form der Annäherung ist also der Versuch einer Grenzziehung. Der zweite Vorteil besteht darin, uns von den Haltungen derjeniger zu distanzieren, die in ihrer Eigenschaft als Esoteriker der Esoterik Gesetze aufdrücken wollen. Gibt es doch in unserem Jahrhundert Denkrichtungen und Schulen, welche die Tendenz haben, sich als Vertreter der reinen Esoterik, des echten Pfades, der wahren Tradition auszugeben, um sich so von anderen Wegen zu unterscheiden. Für einige unter ihnen ist es ein Postulat, daß alle religiösen Traditionen der Welt, alle Ausdrucksformen des Heiligen außerhalb der Unterschiede zu einer höheren Einheit verschmelzen, so daß wir nicht mehr wissen, ob es sich hier noch um Esoterik handelt oder um das Heilige im allgemeinen in all seinen Ausdrucksformen, um den Mythos, um Religion *sub specie aeternitatis*. Das ist eine Haltung, die oft von einer dogmatischen Lehre begleitet wird und deren Sprache einen militanten, manchmal sogar fundamentalistischen Beiklang hat.

Dies schließt nicht aus, daß bestimmte dieser Strömungen (wie etwa die neuguénonistische oder traditionistische Strömung mit ihrer Fortsetzung, der Schule von Frithjof Schuon) auf intellektueller Ebene durchaus annehmbar erscheinen, was man allerdings nicht behaupten kann von dem vielen verdächtigen oder verrückten Gerede, das heute von Leuten verbreitet wird, die voller Überzeugung die Wahrheit gepachtet zu haben wähnen und dreist und frech den Begriff »Esoterik« für sich in Anspruch nehmen. Man hat es hier oft mit einer karikaturistischen oder paranoischen Umkehrung von Werten zu tun, die auf menschlicher Ebene zu den wertvollsten gehören, die die esoterischen Traditionen überliefert haben. Da darf es nicht wundern, daß seriöse Geister, die allerdings mit der Komplexität dieser Probleme meist wenig vertraut sind, gewisse Schwierigkeiten haben, sich darin zurechtzufinden, und unsere Disziplin mit ironischem und argwöhnischem Blick betrachten.

Leider sind es nicht nur ein paar wirre Geister, die diese Unordnung auslösen und damit den Traditionisten schwerwiegende Argumente liefern. Recht zahlreich sind nunmehr auch ganz seriöse Leute, ja selbst Spezialisten in dieser oder jener Disziplin, die sich einmischen und ganz gelehrt von Esoterik reden, obwohl sie hierzu nicht die geringste Kompetenz haben. Zwei Gründe mag es dafür geben: Zum einen handelt es sich um ein weites, noch ungenügend begrenztes Feld, um das sich die Universitäten noch zu wenig kümmern, so daß es im Gegensatz zu den meisten andern Gebieten eine ideale Beute für solche ist, die darauf abzielen, es zu annektieren. Zum andern und vor allem leben wir in einer Zeit, wo das Buch eine sehr große Verbreitung hat. Allerdings fehlt es an Fachleuten in unserem Spezialgebiet, und den abendländischen Verlegern mangelt es an Referenzen, wenn es darum geht, welchen Autor man mit der Abfassung eines allgemeinverständlichen Artikels, einer Aktualisierung, einem Glossarium usw. betrauen soll. Die Tatsache, daß jemand sich mit Mystik, religiöser Symbolik oder mit Psychologie beschäftigt, bedeutet noch lange nicht, daß diese Person auch entsprechende Texte verfassen kann, nur wendet man sich an sie, da man niemand anders findet! Das Ergebnis ist, daß heute egal wer meint, bestimmte Rechte in puncto Esoterik zu haben, ungestraft egal was von sich geben kann, und dies mit Hilfe der Verleger und auch des Publikums.

Eine solche Situation ruft bei gewissen seriösen Leuten eine negative und durchaus verständliche Reaktion hervor. Und sie haben recht, wenn sie meinen, daß das Verfassen einer Studie (ein Buch, ein Zeitschriftenartikel, ein Beitrag zu einem Lexikon) über einen Autor oder eine Strömung, die – nach Meinung des Esoterologen – zur Esoterik gehören, wie etwa über Swedenborg oder über die Alchemie im England des 17. Jahrhunderts, nicht unbedingt den Begriff Esoterik (der ihnen ohnehin suspekt vorkommt) untersuchen, ja nicht einmal erwähnen muß; man braucht das zu behandelnde Thema nur genügend studiert zu haben! Deswegen ist es auch nicht erstaunlich, daß es meistens nicht die Esoterologen sind, welche die wissenschaftlich relevantesten Arbeiten liefern über einen Autor oder eine Bewegung, sondern eher die Spezialisten, die auf einem eng begrenzten Fachgebiet arbeiten wie etwa auf dem der jüdischen oder christlichen Kabbala, der Philosophie zur Zeit der Renaissance, der Geschichte der Wissenschaften in einer bestimmten Epoche usw. Das Ergebnis ist, daß, im Gegensatz zu der bereits erwähnten annektionssüchtigen Haltung die Haltung jener Spezialisten steht, die dem Begriff Esoterik völlig abhold sind, die apriorische Ablehnung des Begriffes Esoterik, der als wissenschaftlich operativ zu verstehen wäre, aber auch ein Ausdruck von Mißtrauen gegenüber jedem Unterfangen, ein spezifisches operatives Corpus der Esoterik zu umreißen, denn dieses Corpus kann ihrer Meinung nach nur eine unnötige Wiederholung von bereits bestehenden Dingen wie Philosophie, Literatur oder Kunst sein. Aber ein solcher Argwohn wie auch die vorhin erwähnte Tendenz zur Konfusion sind sicherlich notwendige Stimuli, die das Wachsen und die Autonomie unserer neuen Disziplin zu fördern geeignet sind.

Es gilt also, das Wort »Esoterik« richtig zu benutzen. Darin nicht einen spirituellen oder semantischen Wert sehen, den es von sich aus nicht hat. Es nicht zum Aushängeschild eines Umfeldes machen, in welchem aufgrund irgendwelcher Absichten alle Katzen grau sind. Es so weit wie möglich den Nutznießern aus der Hand nehmen, egal, ob diese nun gelehrt sind oder auch nicht. Es als eine Denkhaltung ansehen, als eine Form des Imaginären, welcher eine Tinktur innewohnt, die verschiedenen Materialien eine spezifische Farbe verleiht. Eine wie die hier vorgeschlagene Annäherung an diesen Begriff bezweckt, zweierlei Ansprüchen gerecht zu werden: einerseits dem Respekt vor den Verschiedenheiten und andererseits der Notwendigkeit einer empirischen Forschung, frei von jedem ideologischen *Apriori* der Seitenwege oder der Verbindungspfade. Und so wird in Zukunft noch manch unerforschtes Feld erhellt werden. Bewahren wir also diesen so bequemen Begriff zur Bezeichnung einer Gesamtheit von kulturellen und religiösen Tatbeständen, die untereinander so verwandt erscheinen, daß es uns berechtigt zu sein scheint, daraus ein Forschungsfeld zu machen. Die offiziellen Fächer bzw. Disziplinen, die diese Tatbestände so gerne in Randgebiete abdrängen, sind auch nur der Ausdruck einer Form des Imaginären unter vielen anderen.

Anmerkungen zum Sprachgebrauch
Okkultismus: Eliphas Lévi (1810–1875) gilt allgemein als der Schöpfer dieses Wortes. Er leitet es von *philosophia occulta* ab im Sinne von Henricus Cornelius Agrippa, der in seinem Buch *De Occulta philosophia* (1533) diesen Begriff benutzt, um damit Forschungen und Praktiken im Bereich bestimmter »Wissenschaften« wie Astrologie, Magie, Alchemie oder Kabbala in einem Oberbegriff zusammenzufassen. »Okkultismus« wird in zwei Bedeutungen benutzt: *a)* Als Bezeichnung für jede Form von Praxis im Bereich dieser »Wissenschaften«. Sieht man in der Esoterik eine Denkform, dann ist Okkultismus eher ein Ganzes an Praktiken oder eine Form des Handelns, die ihre Daseinsberechtigung in der Esoterik begründen. Manchmal ist »Okkultismus « auch ein Synonym von »Esoterik« (wie etwa bei Robert Amadou in *L'Occultisme, esquisse d'un monde vivant*, 1950), aber ganz allgemein bezeichnet »Esoterik« heute eher die Denkformen, von denen diese »Wissenschaften« abhängen. *b)* Als Name einer in der zweiten Hälfte des 19. Jahrhunderts mit Eliphas Lévi aufgetauchten Strömung, die ihren Höhepunkt um die Jahrhundertwende erreicht hat (siehe weiter unten den Abschnitt über diese Strömung).

Theosophie: Unter diesem Begriff versteht man eine Form von Hermeneutik (d. h. von Auslegung und Erklärung), die Anwendung findet bei prophetischen oder geoffenbarten Texten, bei Gründungsmythen (wie z. B. die *Genesis*) oder bei Visionen. Die Theosophie untersucht die Mysterien der Gottheit (wie z. B. die Kabbala, die jüdische Form von Theosophie) und die des Universums (deswegen spricht man manchmal auch von *Pansophie*). Die Theosophie ist alles andere als eine abstrakte Forschung; vielmehr geht sie davon aus, daß sich der Theosoph dank der aktiven Imagination und der Erfahrung des Symbols, die beide eine Wiederbelebung des mythischen Erlebens hervorrufen, verändert oder verwandelt. Ihre Legitimation fundierte die Theosophie oft auf einen Satz des hl. Paulus: »Denn der Geist erforscht alle Dinge, auch die Tiefen der Gottheit.« (I Kor. 2,10). »Theosophie« bezeichnet auch die im Jahre 1875 gegründete Theosophische Gesellschaft oder deren Lehre. Im Englischen bezeichnet man mit *theosophist* ein Mitglied dieser Gesellschaft oder jemanden, der deren Lehre folgt, während der Begriff *theosopher* dem des »Theosophen« im allgemeinen entspricht, ungeachtet seiner Mitgliedschaft zu einer bestimmten Gruppe. Leider kennt die deutsche Sprache nur den Begriff des »Theosophen«, womit die bedauerlichen Verwechslungen zwischen dem Mitglied einer Gruppe und dem Anhänger eines bestimmten Denkens nicht auszuschließen sind.

Gnosis: Als intellektuelle und spirituelle Tätigkeit erlaubt die Theosophie den Zugang zu einer besonderen Erkenntnisform, der Gnosis (aus dem Griechischen *Gnôsis*, »Erkenntnis«). Umgekehrt stimuliert und bereichert diese wieder das theosophische Denken. Im Unterschied zu einem wissenschaftlichen oder »rationalen« Wissen (was sie allerdings nicht ausschließt und dessen sie sich auch bedient) entspricht die Gnosis einem holistischen »Erkennen«, einem Erfassen der grundlegenden, wenn auch nicht immer offensichtlichen Beziehungen zwischen den verschiedenen Realitätsebenen, wie z. B. zwischen Gott, dem Menschen und dem All. Entweder ist sie diese Erkenntnis selbst oder die Intuition und die Gewißheit, damit über eine Methode zu verfügen, die den Zugang hierzu erlaubt. Die Gnosis übertrifft an Totalität die Aristotelische Metaphysik insofern, als sie das Selbst sowie die Selbstbezüglichkeit des Subjekts sowohl als auch die Außenwelt (die Natur) in eine totalisierende Anschauung der Gesamtwirklichkeit zu integrieren sucht. Der statischen Metaphysik des Selbst begegnet die Gnosis mit Dynamik und Genetik. Die Gnosis der esoterischen Strömungen zeichnet sich durch zwei recht typische Merkmale aus. Einerseits gibt es bei ihr keine Unterscheidung zwischen Glauben und Wissen (sobald man »weiß«, ist der Glaube keine Notwendigkeit mehr); andererseits möchte sie eine soteriologische Rolle haben, das heißt, sie möchte zum individuellen Heil der Person beitragen. Das Wort »Gnosis« bezeichnet sowohl diese spirituelle und intellektuelle Haltung an sich als auch den Literaturkanon (die Texte und Bewegungen), die diesen Begriff illustrieren. Einer davon stellt einen sehr spezifischen Komplex dar, eine unter dem Namen *Gnostizismus* bekannte religiöse Strömung innerhalb des Christentums, die in den ersten Jahrhunderten unserer Zeitrechnung mit Basileides, Valentinus, Marcion usw. auftauchte. Eine der wesentlichen Eigenarten dieser Strömung ist der absolute ontologische Dualismus (Ablehnung der geschaffenen Welt, die als schlecht angesehen wird), den zahreiche Vertreter propagieren und von dem die Gnosis weiterer okzidentalischer Esoteriken Abstand nimmt; allerdings taucht diese Auffassung zu einem späteren Zeitpunkt in nicht unbedingt esoterischen, religiösen Bewegungen wieder auf wie etwa bei den bulgarischen Bogomilen und auch den Katharern. Der Begriff »Gnosis« wird oft als Synonym für »Gnostizismus« benutzt, wodurch man leicht den Irrtum begeht, jede Art von Gnosis mit dieser spezifischen Bewegung zu identifizieren.

Hermetismus: Dieser Begriff bezeichnet landläufig entweder *(a)* die Esoterik ganz allgemein oder *(b)* die Alchemie oder aber *(c)* die Hermes Trismegistos zugeordneten griechischen Texte vom Beginn unseres Zeitalters, allgemein als *Hermetica* bekannt. Wir benutzen »Hermetismus« (als Literaturkanon) oder »Hermetik« (als Lehre) hier in dieser letzten Bedeutung *(c)*. Das Adjektiv auf deutsch ist »hermetisch«, welches sowohl einerseits das Gedankengut der *Hermetica* (also der aus den ersten Jahrhunderten stammenden Texten) bezeichnet als auch die Gesamtheit der esoterischen Tradition[3], die sich auf Hermes Trismegistos und die *Hermetica* beruft (diese Tradition ist der sogenannte neualexandrinische Hermetismus, der vor allem vom 15. bis zum 17. Jahrhundert seine Blütezeit hatte). Ferner darf man sich nicht wundern, wenn man das Adjektiv »hermetisch« auch im Sinne von »alchemistisch«, ja sogar in der Bedeutung von »esoterisch« antrifft. Das englische Substantiv »*hermetism*« bezeichnet die dritte Bedeutung *(c)*, während der Begriff »*hermeticism*« wesentlich weiter gefaßt ist; da man allerdings oft das eine Substantiv anstelle des anderen benutzt, sind auch hier neue Verwechslungen nicht ausgeschlossen.

---

3 Die französische Sprache unterscheidet zwischen *hermétique* (*a, b,* manchmal *c*) und *hermétiste* (*c*), so daß eine Verwechslung der beiden Bedeutungen ausgeschlossen ist. (Anm. des Übersetzers)

DIE ANTIKEN UND MITTELALTERLICHEN QUELLEN DER MODERNEN ESOTERISCHEN STRÖMUNGEN

Esoterische Ansätze während der ersten elf Jahrhunderte

Der alexandrinische Hermetismus
Weit verstreute Werke, von denen die meisten verlorengegangen sind und die zu Beginn unseres Zeitalters, über mehrere Jahrhunderte verteilt in der Gegend von Alexandria auf Griechisch verfaßt wurden, bilden eine heterogene Masse an Texten, die man unter dem Namen *Hermetica* zusammengefaßt hat. Sie behandeln Themen wie Astrologie, Alchemie, Naturphilosophie, Theosophie, Theurgie usw... Von diesen Werken hebt sich eine Sammlung ab, die offenbar in einer späten Epoche zusammengestellt wurde, das *Corpus Hermeticum*, das Traktate aus dem 2. und 3. nachchristlichen Jahrhundert vereint. Die Sammlung zählt insgesamt etwa sechzehn solcher Texte, zu denen dann noch der *Asklepios* und die *Stobaiosfragmente* kommen. Autor und legendärer Inspirator ist Hermes Trismegistos, der »dreifach Große«, den zahlreiche und widersprüchliche Genealogien mit dem Gott Thot und dem griechischen Hermes in Verbindung bringen. Er soll zur Zeit von Moses gelebt haben, und die Ägypter sollen ihm ihre Gesetze und ihr Wissen verdanken. Das Mittelalter kennt dieses *Corpus Hermeticum* nicht, da es erst in der Renaissance wiederentdeckt wurde, dafür aber den *Asklepios*. Trotz seines spekulativen Charakters darf man in dem

Corpus Hermeticum keine einheitliche Doktrin suchen. Da es von verschiedenen Autoren verfaßt wurde, gibt es Widersprüche von einem Traktat zum andern. Die bekannteste Schrift dieser Sammlung ist der *Poimandres*, eine theosophische Abhandlung in Gesprächsform, die das *Corpus Hermeticum* einleitet. Er entwickelt eine Kosmogonie und eine Anthropogonie im Stile von Offenbarung und Illumination, wobei die wesentlichen Themen die des Sündenfalls und der Reintegration sind sowie des Gedächtnisses in seinen Beziehungen zur aktiven Imagination.

Wenn auch das *Corpus Hermeticum* selbst das Thema Alchemie nicht behandelt, so stammt doch fast alles, was wir zu Beginn unseres Zeitalters über die okzidentalische Alchemie wissen, aus Texten dieses Umfeldes. Es hat den Anschein, als sei diese Kunst zur Zeit der ägyptischen Pharaonen noch unbekannt gewesen und als habe sie sich als eine Art Verlängerung der hermetischen Astrologie entwickelt, wobei sie mutmaßlich von der bestehenden Sympathie zwischen jedem Planeten und jedem Metall ausging. Bis etwa zum 2. Jahrhundert v. Chr. steht diese Technik in enger Verbindung zur Goldschmiedekunst. In diesem 2. Jahrhundert nimmt dank Bolos aus Menden die Alchemie eine mehr philosophische Form an und präsentiert sich in immer stärkerem Maße als eine geoffenbarte Wissenschaft. Zosimos von Panapolis (3. oder Anfang des 4. Jahrhunderts), von dem achtundzwanzig Bücher erhalten sind, entwickelt eine visionäre Alchemie, die dann weiterentwickelt wurde von Synesios (4. Jahrhundert), Olympiodor (6. Jahrhundert) und Stephanos von Alexandrien (7. Jahrhundert), die alle in der Alchemie eine spirituelle Übung sehen.

Esoterische Ansätze in anderen,
nichtchristlichen Strömungen
Vier weitere, nichtchristliche Strömungen mit großer Bedeutung für die Entstehung der modernen Esoterik vervollständigen diesen alexandrinischen Hermetismus. Es handelt sich um die neupythagoreische Bewegung der beiden nachchristlichen Jahrhunderte, die dann später immer wieder unter verschiedenen Formen von Arithmosophie auftaucht. Dann um den Stoizismus, der sich über fast zwei Jahrhunderte erstreckt und der ganz deutlich esoterische Elemente beinhaltet, da er großes Gewicht legt auf eine Erkenntnis des konkreten Universums und auf die eines organischen Ganzen, welche das Einvernehmen zwischen irdischen und himmlichen Dingen garantieren. Ferner um den Neuplatonismus, der von Plotin (205–270) bis Damascius Methoden lehrt, mittels derer man zu einer übersinnlichen Realität vorstoßen und diese Wirklichkeit in ihrer Struktur und ihren Zusammenhängen beschreiben kann. In der späteren esoterischen Literatur tauchen dann auh immer wieder Namen von Neuplatonikern wie Porphyrios (273–305), Iamblichos (*Ägyptische Mysterien*, um 300) oder Proklos (412–485) auf. Und schließlich um die jüdische Kabbala, eine Theosophie; aus dem 5. oder 6. Jahrhundert stammt ein kosmosophischer Text von nur ein paar Seiten, das *Buch der Schöpfung* oder *Sefer Jezira*, eine Präfiguration dessen, was einmal die eigentliche Kabbala sein soll. Hinzu kommt ferner eine intensive intellektuelle Tätigkeit bei den Arabern im Zusammenhang mit dem schnellen Ausbreiten des Islam. Die arbischen *Episteln* der Lauteren Brüder von Basra (9. Jahrhundert) enthalten eine große Anzahl an esoterischen Spekulationen im kosmogonischen Bereich. Seit dem 9. Jahrhundert werden die neuplatonischen und die hermetischen Texte ins Arabische übersetzt, was zum Erscheinen von arabischen Originaltexten führt, wie etwa *Die Theologie des Aristoteles* aus

dem 9. Jahrhundert oder, aus dem 10. Jahrhundert, *Picatrix*, eine Summa von magischem Wissen teilweise griechischen Ursprungs; *Turba philosophorum*, eine Kompilation von Stellungnahmen zum Thema Alchemie, und schließlich das um 825 erschienene *Buch der Ursachen*, in welchem sich die erste Fassung des berühmten, *Smaragdene Tafel* genannten Textes befindet.

Esoterische Tendenzen im christlichen Denken der ersten elf Jahrhunderte

Ob es eine frühchristliche Esoterik gegeben hat oder nicht und ob diese vornehmlich jüdischer Ausprägung war, sind Fragen, die heute immer noch diskutiert werden. Clemens von Alexandrien (160–215) dessen hellinistischer Christianismus von jüdischer Esoterik beeinflußt ist, unterstreicht in seinen *Stromateis* die Bedeutung der Gnosis, d. h. einer Erkenntnis, die den Glauben hervorhebt und über ihn hinausgeht; und für Origines (185–254) bedarf es einer ständigen Anstrengung, um die Texte der Heiligen Schrift auf mehreren Ebenen auszulegen, um so vom Glauben zur Erkenntnis (*Gnosis*) zu gelangen. Neben dem mehr oder minder »offiziellen« Christentum, das beide vertreten, ist der Gnostizismus eine Theosophie mit unterschiedlichen Formen, deren gemeinsames Thema die Befreiung vom Bösen dank der Zerstörung unserer Welt und der Erhebung unserer Seele über diese hinaus ist. Im Gegensatz zu Basilides und Valentinus lehren andere Gnostiker, ebenfalls aus dem 2. Jahrhundert, wie Marcion, eine dualistische Konzeption des Menschen und der Welt, nach welcher das Böse ontologisch dem Guten gleich ist, eine Auffassung, die man in der von Mani (3. Jahrhundert) begründeten manichäischen Strömung wiederfindet. Ein metaphysischer Pessimismus prägt die Theosophie des Gnostizismus trotz ihres Reichtums an inspirierenden Bildern und bildet den Ausgangspunkt für die Bewegung der bulgarischen Bogomilen im

10. Jahrhundert und darüber hinaus für die der Katharer. In der folgenden Epoche heben sich drei Namen deutlich ab. Zunächst Pseudo-Dionysios Areopagites, der, ausgehend von den Ideen eines Proclus, im 6. Jahrhundert auf Griechisch schrieb *(Über die göttlichen Namen; Über die himmliche Hierarchie)*, wobei er aus der Heiligen Schrift eine Mediationstheosophie herauslas, indem er eine dreifachen Triade von engelhaften Wesen ersann. Dann, etwa ein Jahrhundert später Maximos Confessor mit seinem Kommentar zu den Texten des Pseudo-Dionysios. Und schließlich im 9. Jahrhundert Johannes Scotus Eriugena, ein irischer Mönch, der mit seiner *Periphiseon (Von der Einteilung der Natur)* eines der bedeutendsten intellektuellen Werke des Mittelalters geschaffen hat.

Esoterik im mittelalterlichen Denken

Eine esoterisch angehauchte Theologie

Das 12. Jahrhundert entdeckt die Natur in einem Licht von Analogie, und die erst seit kurzem dem Okzident zugängliche arabische Wissenschaft hat diese Integration noch begünstigt. In der Schule von Chartres, vor allem bei Bernard Silvestre (*De mundi universitate*, 1147) und Guillaume de Conches (um 1080–1145) gibt es keine Kluft mehr zwischen metaphysischen Prinzipien und der Kosmologie. In der gleichen Epoche entstehen auch das Meisterwerk von Alain de Lille (1128–1203), *De planctu naturae*, und die herrlichen, reich illustrierten, mystisch-theosophischen Texte einer Hildegard von Bingen (1099–1180), insbesondere ihr *Scivias*. Ferner erscheinen zu dieser Zeit *Clavis Phisicae* und *Elucidarium* des Honorius von Autun sowie eine ganze Reihe ähnlicher Kreationen. Entsprechungen, Imagination, Mediationen, die Natur sowie die Wege spiritueller Tansformation haben hier eine besondere Stellung inne, und mit dem Auftauchen des franziskanischen Geistes und seiner Liebe für die Natur wird diese Tendenz im 13. Jahrhundert noch verstärkt. Auch die Schule von Oxford leistet hierzu einen wichtigen Beitrag, vornehmlich mit einer Theosophie des Lichtes bei Robert Grosseteste und mit der Alchemie und Astrologie bei Roger Bacon und anderen. Als um 1300 das Vordringen arabischer Texte in die Latinität sozusagen abgeschlossen ist, begegnet man in der christlichen Theologie dem Triumph des lateinischen Averroismus (d. h. dem Gedankengut des Arabers Averroës, 1126–1198, dem wir Kommentare zu Aristoteles verdanken) zum Nachteil des Einflusses des Persers Avicenna (980–1037). Im Abendland wird der Avicennismus vom Averroimus überlagert, was in der Theologie das fast totale Verschwinden des *mundus imaginalis* und seiner damit zusammenhängenden Vermittler sowie das der aktiven Imagination zur Folge hat, und dies zu Gunsten eines Rationalismus, der sich schließlich zum typischen Merkmal okzidentalischen Denkens entwickeln wird. Andererseits theologisiert das christliche und islamische 12. Jahrhundert immer mehr die »sekundären Ursachen« (vor allem die Kosmologie), was die Verknüpfung zwischen metaphysischen Prinzipien und Kosmologie problematisch erscheinen läßt. Dieses Verschwinden und diese Problematik begünstigen im Endeffekt das Auftauchen einer eigentlichen Esoterik.

»Summen« und universale Synthesen
Zahlreiche *summae* sind Textsammlungen über Wunder oder vor allem über Beobachtungen der Kräfte, die in den vier Reichen am Werke sind. Sie sind Vorläufer der *philosophia occulta* der Renaissance (wie z. B. das *Speculum naturale* des Vinzenz von Beauvais von 1245 oder das *De proprietatibus rerum* des Bartholomaeus Anglicus de Glanvilla um 1230). Natürlich gibt es auch »Summen«, die

Denksysteme enthalten und große philosophische Synthesen sind (alle, wie auch die des hl. Thomas von Aquin, gehören natürlich nicht zur Esoterik!). Die des calabrischen Geistlichen Joachim Florensis (um 1135–1202), der drei große Perioden der Weltgeschichte unterscheidet (das Reich des Vaters, das des Sohnes und das kommende des Heiligen Geistes), erfuhr in der Neuzeit ein bemerkenswertes Interesse, nicht so sehr wegen seiner theosophischen Spekulationen über die »Dritte Periode« oder über die künftigen spirituellen Meister der Menschheit, als vielmehr wegen des Gebrauchs, den die Geschichtsphilosophen davon machten. Nennen wir schließlich noch Ramon Lullus (1235–1316) und seine *Ars Magna*, eine kombinatorische »Kunst« mit Universalanspruch, die geprägt ist vom mittelalterlichen Neuplatonismus, wie etwa Johannes Scotus Eriugena ihn auf seine Art und Weise übertragen hatte, d. h. als einen dynamisierten Platonismus, nicht weit entfernt von der damals in Spanien blühenden jüdischen Kabbala. Und dann am Ende des Mittelalters Nikolaus Cusanus (oder von Kues), der, obwohl alles andere als ein Esoteriker, die Hermetik der Renaissance mit seiner Idee von einer grundsätzlichen Einheit der Religionen bereits ankündigt (*De pace fidei*, 1453); er schlägt ein Weltensystem, eine Theorie der »Gegensätze« vor, wo das unendlich Große mit dem unendlich Kleinen zusammenfällt – eine »totale« Wissenschaft also, zu der auch die Astrologie zählt.

Hermetismus, Astrologie und Alchemie

Recht zahlreich sind die Werke über esoterisch ausgerichtete Magie wie etwa der *Picatrix* (arabischen Ursprungs, wie wir bereits gesehen haben, aber jetzt vor allem bekannt durch seine lateinischen Übersetzungen und Adaptationen) oder solche in Verbindung mit der *ars notoria*, der Kunst der Invokation der Engel. Das *Corpus Hermeticum* selbst ist bis zur Renaissance verschwunden, aber andere hermetische Texte wie etwa der in lateinischer Sprache verfaßte *Asklepios* sind weiter im Umlauf (aus dem 12. Jahrhundert stammt einer der bekanntesten dieser Texte, der *Liber XXIV philosophorum*). Im astrologischen Bereich heben sich im 12. Jahrhundert Namen wie Roger aus Hereford und Jean d'Espagne ab, allerdings ist diese Wissenschaft nicht wesentlich in einer Welt, die noch vom Göttlichen durchdrungen ist. Zwei große Astrologen des 13. Jahrhunderts, Michael Scotus und Guido Bonatti, landen bei Dante in der Hölle. Zu Beginn des 14. Jahrhunderts räumt Lullus in seiner *Ars Magna* der Astrologie einen breiten Platz ein, ebenso Pietro d'Abano in seinem *Conciliator* (1303). Ein anderer bedeutender Astrologe, Cecco d'Ascoli (1269–1327), endete in Florenz auf dem Scheiterhaufen. Die Alchemie ist in Europa vor dem 12. Jahrhundert kaum bekannt; sie verdankt ihre Einführung dem Islam und dies auf dem Weg über Spanien. Am Ende des 13. Jahrhunderts sind vor allem zwei alchemistische Texte in lateinischer Sprache im Umlauf, deren Einfluß recht stark sein wird: die *Turba Philosophorum* (siehe weiter oben bezüglich ihres arabischen Ursprungs), ein Dialog zwischen Alchemisten, und die *Summa*, eine Sammlung von Texten, die dem Araber Geber zugeschrieben wird. Die *Aurora consurgens* wird legendärerweise dem hl. Thomas von Aquin unterschoben. Erwähnt seien noch die Werke des Catalanen Arnold von Villanova (um 1235–1311), insbesondere sein *Rosarium Philosophorum*, und dann vom 14. Jahrhundert an (erst ab jetzt verzeichnet die alchemistische Literatur einen echten Aufschwung und bleibt dann sehr reichhaltig bis zum Ende des 18. Jahrhunderts) Namen wie John Dastin, Petrus Bonus (*Pretiosa margarita novella*, um 1330). Ferner Nicolas Flamel (1330–1417), um den sich viele schöne Legenden ranken, über die immer noch viel geschrieben wird; dann George Ripley (*The*

Compound of Alchemy, 1470; *Medulla alchimiae*, 1476)
und Bernhardus Trevisanus (1406–1490). Wie bereits in der
späthellinistischen Epoche versucht die Alchemie des Mittelalters, sich auf operativer wie auch auf spiritueller Ebene
zu entwickeln.

Initiatisches Suchen und esoterische Künste

Die jüdische Kabbala

Das Wesentliche jüdischer Esoterik ist natürlich in der
Kabbala enthalten. Ihr Einfluß auf die Latinität ist bedeu-
tend, insbesondere von der Renaissance an. Im Gefolge des
Sefer Jezira (siehe weiter oben) stellt das Buch *Bahir*, eine
Sammlung kabbalistischen Materials aus der Provence des
12. Jahrhunderts, die eigentlich erste Abhandlung der Kabbala dar; das Buch *Bahir* orientiert diese in die doppelte
Richtung einer Gnosis orientalischen Ursprungs und in die
eines Neuplatonismus. Zahlen und Buchstaben des Alten
Testamentes werden hier hermeneutisch untersucht und
vermitteln so, dank der Kenntnis über die Querverbindun-
gen und dank einer Interpretationsmethode, die in jedem
Wort und jedem Buchstaben der Thora einen Sinn mit vielen Verästelungen sieht, ein Wissen über die Beziehungen
zwischen Gott und der Welt. Die Kabbala vervollständigt
sich dann durch ihr Hauptwerk, den *Sohar* oder das *Buch
vom Glanz*, das nach 1275 in Spanien auftauchte. Diese
Sammlung, die wir vermutlich Mose de Leon verdanken,
stellt den Höhepunkt jüdischer Kabbala dar, d. h. eine spe-
kulative Mystik, die Anwendung findet auf die Erkenntnis
und die Beschreibung der mysteriösen Werke der Gottheit.
Der *Sohar* ist eine beachtliche Weiterführung talmudischen
Denkens über Arbeit oder über Riten, um so eine Mythologie der Natur, eine kosmische Aufwertung zu entwik-
keln, welche dann das Renaissancedenken verwerten kann.

Bleibt schließlich der in Saragossa geborene große Mystiker Abraham Abulafia (1240–1291) und seine Meditationstechnik, deren initiatischer und symbolischer Aspekt – wobei auch Körpertechniken nicht ausgeschlossen werden – für die Esoterik von Interesse ist.

Rittertum und initiatische Gesellschaften

Die Kunst des Kirchenbaues wird in den Bauhütten übertragen, und die moderne Freimaurerei hat dies als Erbe übernommen. Die Verpflichtungen oder »Pflichten« der Maurer bilden die »Old Charges« (Alte Pflichten), deren uns überlieferte Texte vom Ende des 14. Jahrhunderts stammen (Texte wie der *Regius* um 1390 und der *Cooke* um 1410 sprechen von der Geometrie als einer Schrift Gottes, die mit der Schöpfung der Welt entstanden sein soll). Aufgrund gewisser Aspekte kann man auch das Rittertum als initiatisch ansehen (die Templerstadt Tomar in Portugal beweist z.B. das Vorhandensein bestimmter Formen von Esoterik in diesem Ritterorden), aber hüten wir uns davor, Geschichte mit Literatur zu verwechseln! Die Vernichtung des Templerordens im Jahre 1312 hat einen Templermythos entstehen lassen, der kaum konkreten Fakten entspricht – ebenso wie der Kreuzzug gegen die Albigenser im Jahre 1207 Legenden über ihren »esoterischen« Aspekt auftauchen ließ. Falls es hier überhaupt etwas Esoterisches gibt, dann nicht so sehr in diesen Orden oder Bewegungen als im späteren Diskurs über dieses Phänomen, und dies vor allem seit Beginn der Neuzeit. So dienen später die Symbole des Ordens vom Goldenen Vlies, der 1429 von Philipp dem Guten gegründet wurde, dazu, den Jasonmythos in der abendländischen Vorstellungswelt zu bekräftigen, und dies vornehmlich in der alchemistischen Literatur und in der esoterischen Freimaurerei. Man findet schon eher eine offensichtliche Esoterik bei den »Frères du Libre Esprit« (von Amaury de Bène, 1206) oder vor allem bei den

»Gottesfreunden«, die sich um den Laien Rulman Mers-
win (1307–1382) in ihrem Grüne Insel genannten elsässischen Kloster gesammelt hatten.

Die Esoterik in den Schönen Künsten

Im 12. und 13. Jahrhundert entwickeln Kirchen und Ka-
thedralen eine visionäre Theologie reich an Theophanien
und Metamorphosen. Ihre Symbolik basiert auf einer subtilen Kenntnis der Beziehungen zwischen Gott, dem
Menschen und dem Kosmos. Aber verfallen wir nicht in
den Irrtum, ihren Architekten und Baumeistern mehr
esoterische Absichten unterzuschieben, als sie auch wirklich hatten, und dies trotz einiger möglicher Referenzen
an die Alchemie (wie etwa die Flachreliefs am Hauptpor-
tal von Notre-Dame de Paris) oder an die Astrologie (wie
etwa der Sonne-Mond-Turm an der Kathedrale von Chartres oder die Sternzeichen in der von Antwerpen usw.).
Wieder ist es die Alchemie, die im 14. Jahrhundert in
Form von schönen, illuminierten Manuskripten auftaucht
(insbesondere die des Constantinus und, zu Beginn des
15. Jahrhunderts, die *Aurora consurgens*, das *Buch der
heiligen Dreifaltigkeit* usw.), während man, im Architekturbereich, im Palast des Jacques Coeur (1395–1456) zu
Bourges eine wahre »Alchemistenbleibe« sehen wollte.
Die Darstellung der Astrologie in der Kunst geschieht
sehr oft mittels Stichen, die die »Planetenkinder« darstellen. Die um 1375 aufgetauchten Spielkarten werden mit
dem Beginn des 15. Jahrhunderts zu wahren Trägern von
Symbolen aus der Götter- und Planetenwelt.
   Initiation, Geheimnis, Liebe und Erkenntnis vereinen
sich im ritterlichen Imaginären, dessen erster bedeutender
literarischer Ausdruck sich um die Legende des Königs
Arthur rankt; es handelt sich um die *Matière de Bretagne*
mit ihren Helden Arthur, Perceval, Lancelot, le Roi Pê-
cheur. Initiatische Szenen und Symbolik sind noch typi-

scher für die eigentliche Gralsliteratur, die um 1180 mit dem Buch des Chrétien de Troyes und Robert de Boron in Erscheinung tritt; hier finden sich okzidentalische Traditionen wie Rittertum oder Keltentum (insbesondere aus druidischen Traditionen, siehe auch das *Vita Merlini* im 12. Jahrhundert) vereint, die dem Christentum verbunden sind, und besonders den Kräften des Blutes Christi, das Joseph von Arimathia aufgefangen hat. Und dann widmet Wolfram von Eschenbach zwischen 1200 und 1210 dem Gral und dem Ritterstand einen *Parzival*, in dem man gewisse alchemistische und hermetische Elemente wiederfinden kann. Zwar nicht immer alchemistisch, aber wenigstens initiatisch geprägt ist dann die Gralssuche, wie sie Albrecht von Scharfenberg in *Jüngerer Titurel* beschreibt; es handelt sich hier um ein kurz nach 1260 verfaßtes, langes Epos mit einer breiten Evokation des Imago Templi, nämlich dem Tempel des Salomon und des himmlischen Jerusalem. Die Wissenschaft des Hermes (die Alchemie) fehlt auch nicht in dem *Roman de la Rose*, einem von Guillaume de Lorris begonnenen und von Jean de Meung zu Ende geschriebenen Text, dessen Redaktion sich von 1230 bis 1285 erstreckt. Darin entfaltet sich eine üppige Symbolwelt, deren Schönheit von Miniaturen und Buchmalereien noch stärker hervorgehoben wird.

ESOTERIK
IM HERZEN DER RENAISSANCE
UND IM LICHT DES BAROCK

Eine Entdeckung des Humanismus: die »philosophia perennis«

*Erneutes Auftauchen des »Corpus Hermeticum«
und sein Erfolg*

In Florenz beauftragt um 1450 Cosimo de Medici den jungen Marsilio Ficino (1433–1499) mit der Gründung einer platonischen Akademie, und ungefähr zehn Jahre später, noch vor der Übertragung des Werkes von Platon, mit der Übersetzung des *Corpus Hermeticum,* dessen Texte gerade in Mazedonien wiederentdeckt worden waren. Diese im Jahre 1471 erschienene lateinische Übersetzung erfährt bis zum Jahre 1641 nicht weniger als fünfundzwanzig Neuauflagen und Ausgaben sowie mehrere Übertragungen in andere Sprachen. Alle Kommentatoren – und nicht zuletzt Ficino selbst – unterstreichen die Tatsache, daß diese Texte und ihr »Autor« Hermes Trismegistos auf eine sehr weit zurückliegende Epoche zurückgehen sollen, nämlich bis zur Zeit Moses. In diesen Texten erkennen sie die Ankündigung des Christentums und das Vorhandensein einer Lehre, bei welcher es sich um eine Form der *philosophia perennis* oder der »ewigen Philosophie« handeln soll, wobei jener Hermes einer unter vielen andern bedeutenden Namen gewesen sein soll. Die Suche nach einer *prisca theologia* entspricht zur Zeit der Renaissance eben dieser für die okzidentalische Esoterik so typischen quälenden Suche nach den Ursprüngen. Der neualexandrinische Hermetismus, d. h. der wiederentdeckte griechische Hermetismus, trägt dazu bei, eine Form von religiösem Universalismus hervorzurufen, wie wir ihn zuvor bei Nikolaus Cusanus kennengelernt haben. Er hat die Tendenz, überall da zu erblühen, wo Toleranz herrscht. Im puritanischen England unter Eduard VI. wird er unterdrückt, und in den deutschen Landen kann er sich aus einem andern Grund kaum entfalten, denn der lutherische Protestantismus befürwortet nicht jede Form von Humanismus.

Zitieren wir aus der Reihe der Exegeten und Herausgeber des *Corpus Hermeticum* im 16. Jahrhundert neben dem bereits erwähnten M. Ficino Namen wie Ludovico Lazarelli (1507 und 1549), François Foix de Candale (*Pimandre*, 1579), Hannibal Rossel (*Pymander*, 1585/1590). Unter den Autoren, deren Werk ganz stark von dieser Esoterik geprägt ist, sind Symphorien Champier (*Liber de quadruplici vita*, 1507), Francesco Giorgi aus Venedig (*De Harmonia mundi*, 1525), Henricus Cornelius Agrippa (*De occulta philosophia*, 1533), Du Plessis-Mornay (*De la vérité de la religion chrétienne*, 1582) und Francesco Patrizzi zu nennen. Letzterer möchte, wie Bruno, eine wahre Religion auf der Grundlage der hermetischen Schriften und der zoroastrischen Orakel errichten (*Nova de Universis philosophia*, 1591). Dieser Hermetismus beeinflußt ebenfalls das Schaffen von John Dee (1527–1608) und von Giordano Bruno (1548–1600). Im Jahre 1614 führt ein Genfer Protestant namens Isaac Casaubon den Beweis, daß die Texte des *Corpus Hermeticum* nicht älter sind als die allerersten nachchristlichen Jahrhunderte. Einige Hermetiker übersehen diese Entdeckung geflissentlich, während andere, wenn auch erst ganz zögernd, davon Kenntnis nehmen. Denn da nun der Verdacht besteht, daß diese Texte viel jünger sind als urspünglich angenommen, geht die Zahl der Kommentatoren und Bewunderer zusehends zurück. Aber immerhin gibt es derer noch genügend, was nicht zuletzt die englische Übersetzung (durch John Everard im Jahre 1650,

Neuauflage 1657) und ihre nachhaltige Wirkung beweisen. Der Hermetismus ruft ein gleichbleibendes Interesse bei vielen bedeutenden Zeitgenossen hervor wie etwa bei Robert Fludd, der daraus eine der Grundlagen seiner Theosophie macht (*Utriusque cosmi historia*, 1617/1621); Ralph Cudworth (*The True Intellectual System of the Universe*, 1678) und Henry More (1614–1687) benutzen ihn zur Untermauerung ihrer Metaphysik. Athanasius Kircher untersucht die Verwandschaft dieser Texte mit dem Denken des Alten Ägypten und trägt so beträchlich dazu bei, die bedeutende Strömung der Ägyptenbegeisterung unserer modernen Zeit auszulösen. Schließlich taucht dieser Hermetismus in verschiedenen Texten auf, die außerhalb der eigentlichen Esoterik stehen. So finden wir Hinweise darauf in den wissenschaftlichen Schriften eines Kopernikus (der in seinem *De Revolutionibus* von 1543 Trismegistos erwähnt), bei Kepler (*Harmonices Mundi*, 1619) und in den humanistischen Schriften (Richard Burton, *Anatomy of Melancholy*, 1621)

Die christliche Kabbala

Die alte jüdische Kabbala legte mehr Wert auf Theogonie und Kosmogonie als auf Heilsgeschichte und Messianismus. Nach der Diaspora von 1492 beginnt diese zweite Tendenz die erste zu überlagern: Isaac Luria (1534–1572) orientiert die Interpretation der Kabbala in dieser neuen Richtung, die dann in der jüdischen Tradition Schule macht und im 18. Jahrhundert auch bei dem christlichen Denker Friedrich Christoph Oetinger mehr als ein Echo findet. Das Dekret von 1492 und die damit verbundene Vertreibung der Juden aus Spanien hat noch eine andere Konsequenz: Diese kulturelle Abwanderung vornehmlich in Richtung Italien hat sowohl eine weitere Verbreitung der jüdischen Kabbala als auch die Entwicklung ihrer christlichen Variante zur Folge. Zwar nimmt diese nicht mit Pico della Mirandola (1463–1494) ihren Anfang, tritt aber mit diesem Denker erst richtig in Erscheinung. Statt die jüdische Theosophie christlich auszudeuten, unternimmt er den Versuch einer Interpretation des Christentums mittels derselben Methoden, die die Juden benutzen, um die verborgenen Wahrheiten der Offenbarung zu entschlüsseln. So sind seine »Thesen« (die 1486 vorgestellten 90 *Consclusiones*) der wahre Anfang dieser Bewegung; er stellt darin fest, daß das esoterische Judentum mit dem Christentum identisch ist und daß »keine Wissenschaft besser als die Kabbala und die Magie die Göttlichkeit Christi beweisen kann«.

Genau zu diesem Zeitpunkt (zwischen 1492 und 1494) schreibt Jacques Lefèvre d'Etaples seine *De magia naturali*, in der es um Magie und Kabbala geht, Johannes Reuchlin sein *De Verbo mirifico* (1494, und dann 1517 *De arte cabbalistica*), und der konvertierte Jude Paul Ricius legt seine lateinische Übersetzung hebräischer Texte vor (*Porta lucis*, 1515) und stößt damit auf großes Interesse bei denen, die sich für Arithmosophie, theosophische Exegese und göttliche Namen interessieren. Kabbala, Magie, Hermetismus und Alchemie bilden in der gewagten Synthese des H. C. Agrippa von Nettesheim *De occulta philosophia* (1510 verfaßt und 1533 erschienen) eine mehr oder minder glückliche Einheit. *De arcanis catholicae veritatis* (1518) des Franziskaners Pietro Galatino findet in diesem Jahrhundert eine große Verbreitung; andere Franziskaner interessieren sich sehr für christliche Kabbala, wie etwa Jehan Thenaud, der im Auftrag von Franz I. schreibt, oder vor allem Franceso Giorgi aus Venedig, der Klemens VII. sein *De Harmonia mundi* (1525, gefolgt 1536 von *Problemata*) widmet. Dieser wichtige Meilenstein der Esoterik darf aber die Schriften des Kardinals Egidio da Viterbo nicht vergessen lassen (*Libellus*, 1517; *Scechinah*, 1530). Der berühmteste Vertreter dieser Strömung ist der 1545 aus dem Jesuitenorden ausgeschlossene Guillaume Postel (1510–1581); er legt 1553 eine kommentierte Übersetzung des *Sohar* vor, der 1548 eine *Interprétation du candélabre de Moyse* folgt, sowie eine große Anzahl anderer, genialer Bücher, darunter die erste lateinische Übersetzung des *Sefer Jezira*. Im 17. Jahrhundert faßt diese christliche Strömung dann in England Fuß, insbesondere mit James Bonaventure Hupburn (*Virga aurea*, 1616), mit Robert Fludd (*Summum bonum*, 1629) oder mit Henry More, dem Neuplatoniker aus Cambridge. Pater Marin Mersenne unternimmt zwar den Versuch (*Observationes*, 1632), gegen das, was man fast als eine Modeerscheinung einstufen kann, anzugehen, indem er Francesco Giorgi aus Venedig, Fludd, Postel und Jacques Gaffarel widerlegt; die Bewegung selbst hält jedoch noch lange an. Schließlich erscheint mit *Cabala denudata* (1677/1684) aus der Feder des Christian Knorr von Rosenroth eine auszugsweise Übersetzung des *Sohar* auf Latein. Sie ist mit theosophischen Überlegungen und Annotationen gespickt, in welchen er die Ideen von Reuchlin und Postel wieder aufnimmt, und wird damit zur unumgänglichen Referenz für spätere kabbalistische Theosophen.

Der »homo universalis«: Aktivität, Würde und Synthese
Dank einiger Persönlichkeiten wie Pico und Ficino hat die anbrechende Renaissance originelle Aspekte entdecken können wie den Hermetismus und die jüdische Kabbala. Um Abstand von dem aus dem Mittelalter ererbten kulturellen und geistigen Gut zu nehmen, drücken die *philosophia perennis* und die christliche Kabbala ihr Bedürfnis nach »Konkordanz« der verschiedenen Traditionen aus und begünstigen das Spiel der Entsprechungen zwischen den einzelnen Realitätsebenen. Begleitet wird dies von einer wahren Exaltation für die Arbeit und die Aktivität des Menschen. Bei Ficino dienen Hermetismus und Plato-

nismus dazu, die Größe des Menschen hervorzuheben und eine theosophische Sicht des Weltalls zu entwickeln (*Theologia platonica*, 1469/1474; *De vita coelitus comparanda*, 1489). Das Universalgenie Pico unternimmt den Versuch, in einer harmonischen Synthese Plato, Aristoteles und das Christentum zu vereinen, aber auch letzteres mittels »der Kabbala und der Magie« neu zu interpretieren: Während die Kabbala mehr den Ur-gründen nachgeht, konzentriert sich die Magie auf die Zwischen-gründe wie z. B. auf die Sterne und bringt so das Natürliche und das Religiöse sich näher; sie steckt die Zweige der Kenntnis und die der Religion wieder an ihren gemeinsamen Stamm (allerdings richtet sich Picos Interesse nicht so sehr auf die Naturphilosophie noch auf die Mathematik, trotz der herrlichen, visionshaften Kosmologie, die er in seinem *Heptaplus* darstellt). Seine heftige Kritik an der deterministischen Astrologie weist den Menschen auf seine Freiheit hin. Eine Freiheit, die er in *Oratio de dignitate hominis* begeistert unterstreicht, ist doch der Mensch nicht nur ein Mikrokosmos, der den Makrokosmos widerspiegelt, sondern Träger der Möglichkeit, über sein Schicksal und seinen Platz in der Hierarchie der Wesen zu entscheiden. Mit der Bedeutung, die Ficino und Pico der Aktivität und der Wirksamkeit des Willens beimessen, ferner der Arbeit, die dank der lebenden Entsprechungen das zu verwandeln zum Ziel hat, was anfangs innen und außen von uns ist, und schließlich einem ständigen Forschen mit eklektischen Interessen, gehören sie zu einer für moderne okzidentalische Esoterik durchaus typischen Denkerfamilie.

Der deutsche Beitrag:
Naturphilosophie und Theosophie

Paracelsus und seine Bewegung

In den deutschen Ländern des 16. Jahrhunderts ist das Luthertum geneigt, den Einfluß des Neuplatonismus, des neoalexandrinischen Hermetismus und der Kabbala zu bremsen, und so gibt es nichts, was mit der florentinischen Akademie wirklich vergleichbar wäre. Sozusagen als Ausgleich dafür gibt es allerdings eine Theosophie, deren Stamm die paracelsische Bewegung bildet, während die Hauptzweige Strömungen um Böhme oder um die Rosenkreuzer sind. Der Schweizer Theophrastus Bombastus von Hohenheim, genannt Paracelsus (1493–1541) hat sein ganzes Leben mit Reisen in Europa verbracht, um zu heilen und zu schreiben. Im Jahre 1527 wird er zum Professor der Medizinischen Akademie von Basel ernannt, bleibt allerdings nicht lange auf diesem Posten, da sein Reformwille auf Mißfallen stößt: Er benutzt in seinen Vorlesungen statt der lateinischen Sprache die deutsche und stellt die Autorität der Alten (wie etwa die eines Galen) in Frage, da er sie gerne durch Erfahrung ersetzen möchte. Bei seinem Tode hinterläßt er ein beachtliches Werk (*Opus paramirum, Philosophia Sagax* und noch viele andere Titel), wovon nur ein kleiner Teil zu seinen Lebzeiten veröffentlicht wurde (erst mit der Huser-Ausgabe von 1589 liegt der wesentliche Teil seines Schaffens in gedruckter Form vor).

Während man in der neuplatonischen Tradition vom ersten göttlichen Prinzip über eine ganze Reihen von Stufen zur Materie kommt, basiert nach Paracelsus die Natur direkt auf der göttlichen Allmacht. Sie ist Epiphanie. Allerdings nähert er sich den Neuplatonikern wie Plotinos und Proklos in seiner qualitativen Zeitauffassung, die »tausend Wege nimmt«, wobei jede individuelle Sache ihren eigenen

Rhythmus alchemistischer Art besitzt. So erfährt auch die okzidentalische Alchemie dank Paracelsus einen Wendepunkt: Als Mittel zum Erkennen der Welt, des Menschen und selbst des Schöpfers wird sie in der Tat zu einer allumfassenden Vision der Dinge; alles, selbst die Sterne, ist »chemisch« geschaffen worden und entwickelt sich auch weiterhin »chemisch«. Gleichzeitig ist damit die »Wissenschaft des Hermes« (Alchemie) organisch mit der Astrologie verbunden, in welcher Paracelsus nicht eine Kenntnis von blinden Einflüssen oder Bestimmungen sieht, sondern vielmehr ein Zeugnis universeller Interdependenzen, wobei die Gestirne sich mindestens ebenso »innerhalb« des Menschen befinden wie außerhalb. Ein Erkenntnisprinzip, ein »Licht der Natur« genanntes Organ unserer Seele öffnet uns den Zugang zu den *magnalia Dei* oder den Beziehungen zwischen dem Menschen, der Erde und den Sternen einerseits und den Sternen und den Metallen oder chemischen Elementen andererseits. Genauso wie unser physischer Körper seine Nahrung aus den Elementen nimmt, ernährt sich unser unsichtbarer Sideralkörper, indem er das *Gestirn* (den Geist der Sterne) in sich wirken läßt. Der Arzt wie auch jedes menschliche Wesen muß lernen, dieses »Licht der Natur« in sich aufzunehmen. Wie Pico und Ficino versteht Paracelsus die menschliche Existenz unter einem dynamischen Aspekt als eine Aufgabe, die es zu erfüllen gilt. Deutlich liegt hier der Akzent auf dem Individuum, wähend im mittelalterlichen Denken der Mensch sich eher in einer Schicksalsgemeinschaft befand.

Die Ausstrahlung dieses Denkens ist beachtlich und durchströmt, vornehmlich vom Ende dieses Jahrhunderts an, verschiedene Wissenszweige. Nicht nur die Esoterik ist davon betroffen, sondern auch die Chemie im modernen Sinn des Wortes, und nicht zuletzt die Medizin, trotz der starken Widerstände etwa eines Thomas Erastus (*Disputationes*, 1572/1573). Die meisten seiner bedeutenden Nachfolger halten ihrerseits an der paracelsischen Idee fest, daß es zwei komplementäre Bücher gibt, nämlich die Bibel und die Natur (Peter Severinus, 1540–1602; Gerhard Dorn, zwischen 1565 und 1585). Unter vielen anderen Namen, die sich alle in diesem Umfeld ansiedeln, seien nur zwei genannt: Johann Baptist van Helmont (1577–1644) und Oswald Croll (*Basilica chymica*, 1609).

Die böhmesche Theosophie

Die paracelsische Bewegung mit ihrem Schwerpunkt auf dem »Licht der Natur« ist eher eine esoterische Naturphilosophie als eine Theosophie im eigenlichen Sinne. Allerdings wird die deutsche Theosophie vornehmlich aus dieser Quelle schöpfen. Es mangelt im 16. Jahrhundert nicht an Theosophen außerhalb Deutschlands, hier seien nur die bereits zitierten Francesco Giorgi oder Guillaume Postel genannt oder auch Lambert Daneau (*Physice christiana*, 1571). Aber gerade in Deutschland entwickelt sich mit Jakob Böhme (1575–1624) die bedeutende theosophische Strömung, deren Vorläufer der schon erwähnte Gerhard Dorn sowie ein Pastor aus dem Raum Chemnitz, Valentin Weigel (1533–1588), waren. Weigel stellt eine Verbindung her zwischen der rheinisch-flämischen mystischen Tradition und dem konkreten Denken nach Paracelsus. Der aus Görlitz in Schlesien stammende Schuhmacher Böhme erfährt im Jahre 1610 eine Erleuchtung, ausgelöst durch die Betrachtung einer Zinnvase, und dies entscheidet über seine Berufung als Autor und spiritueller Denker. *Aurora* (1612), sein erstes, anhand dieser Erfahrung verfaßtes Buch, zirkuliert zwar nur in Manuskriptform, bringt ihm aber trotzdem Schwierigkeiten mit den protestantischen Autoritäten ein. Alle anderen Schriften lösen die gleichen Reaktionen aus, obwohl zu seinen Lebzeiten lediglich *Der Weg zu Christo* (1624) auch verlegt wurde. Nur einige Titel (wobei nur deren Name auf Latein ist) aus diesem so überreichen Werk, das gewiß zu einem der erstaunlichsten der deutschen Barockprosa gehört, seien hier genannt: *De tribus Principiis* (1619), *De signatura rerum* (1621), *Mysterium Magnum* (1623).

Böhme ist kein Humanist, und wenn es irgendwelche Einflüsse auf ihn geben sollte, dann eben die von Paracelsus, der Alchemie und vielleicht auch der Kabbala. Im Gegensatz zur mittelalterlichen und sogar neuplatonischen Gottessicht erfaßt er die Gottheit nicht als etwas Statisches, sondern entdeckt darin einen leidenschaftlichen Kampf der Gegensätze. Vor dem Sein gibt es den *Ungrund*, eine Urfreiheit »ohne Grund«. Und der Ausgangspunkt des Seins ist nicht die Vernunft, sondern ein irrationelles Prinzip, ein Wille. Für Böhme ist also nicht die *deitas* die höchste Entität, wie sie etwa Eckhart versteht und der jedes Werden fremd ist, sondern eher ein Feuer im Sinne der Herakliteer, ein Gott, der niemals *in esse*, aber stets *in fieri* ist, der in seinem lebenden Spiegel, in der göttlichen Weisheit oder Sophia die mögliche Welt »sieht«. Das durch diese Vision geschaffene göttliche Bild strebt also danach, das zeitliche Bild magisch auszulösen. Bis zu diesem Zeitpunkt wurden im Abendland über die Sophiologie, über die von dieser Persönlichkeit des Alten Testamentes inspirierten Abhandlungen noch nie so viele Spekulationen angestellt (aber das 1595 erschienene *Amphitheatrum* von Khunrath hat Böhme vielleicht in diese Richtung weisen können). Die Thematik der Sophia führt auf die breiten Gänge dieser barocken Kathedrale, der das Werk Böhmes gleicht: Luzifers und Adams Fall, die Geistleiblichkeit der Engel, die Vorstellung, daß jede äußere Form Sprache oder *Figur* ist, die sieben »Quell-Geister«, die es seit ewig gibt, usw. Dieser »Fürst der christlichen Theosophie« trägt im 17. Jahrhundert weitgehend zur Entwicklung eines spirituellen Bewußtseins in einem tief verwirrten Deutschland bei. Aber auch in den andern Ländern kennt die Theosophie dank seiner

Ideen weiterhin eine Blütezeit, denken wir nur an Angelus Silesius (*Cherubinischer Wandersmann*, 1657), Johann Georg Gichtel (1638–1710), Gottfried Arnold (1665–1714), Pierre Poiret (1646–1719), Antoinette Bourignon (1616–1680), John Pordage (1608–1681), Jane Leade (1623–1704). Selbst etwas abseits der eigentlichen Theosophie lassen sich viele weitere Strömungen, wie etwa die sogenannte Cambridger Schule des Neuplatonismus (Henry More und Ralph Cudworth) und eine ganze Anzahl Autoren von Böhme und Paracelsus beeinflussen, dank derer so oft Glaube und Wissen eins werden.

Die ersten Rosenkreuzer

Die ersten gedruckten Texte des Rosenkreuzertums tauchen nicht vor Beginn des 17. Jahrhunderts auf. Alles nimmt seinen Anfang in Kassel im Jahre 1614, wo ein kleines, anonymes Manifest von 38 Seiten in deutscher Sprache auftaucht, die *Fama Fraternitatis* »Oder Brüderschafft des Hochlöblichen Ordens des R.C.«, die sich »An die Häupter, Stände und Gelehrten Europas« richtet. Einerseits enthält dieser Text eine Kritik der spirituellen Situation in Europa sowie Betrachtungen über eine mögliche Erlösung, und diese nicht etwa dank der Kirchen, sondern dank einer universalen spirituellen Wissenschaft, in welcher Herz und Erkenntnis verschmelzen. Andererseits trägt er Spuren von christlicher Kabbala, Pythagoreismus und, in stärkerem Maße, von paracelsischem Denken. Ferner findet man darin die Biographie einer mystischen Figur, C. R. C., die viel herumgekommen und nach einem Aufenthalt in Arabien und Ägypten nach Deutschland zurückgekehrt sein soll, um dort die Bruderschaft ins Leben zu rufen. 120 Jahre nach ihrem Tod im Jahre 1604 soll man ihr Grab mit magischen Formeln und Lebensregeln gefunden haben. Im Jahre 1615 wird die *Fama* in Frankfurt mit einem anderen, ebenfalls anonymen Text wieder aufgelegt; es handelt sich um die *Confessio Fraternitatis*, deren Autoren bemerken, daß die Zeit in das Zeichen von Merkur, dem »Herrn des Wortes«, eingetreten ist. Ferner lassen sie anklingen, daß sie dabei sind, einen Teil der adamischen Sprache zu enthüllen, dank derer man den verborgenen Sinn der Bibel entdecken kann und damit auch den der Schöpfung, denn die Schriften sind »das Kompendium und die Quintessenz der ganzen Welt.« Bei der dritten frühen Rosenkreuzerschrift (*Chymische Hochzeit Christiani Rosencreutz Anno 1459*, 1616), die ebenfalls anonym erscheint, handelt es sich um einen initiatischen Roman, dessen Held Christian Rosenkreuz eine Reise unternimmt, während welcher alchemistische Metaphern die Hierogamie von Christus und seiner Kirche, von Gott und seiner Schöpfung ausdrücken. Dieser schöne barocke Roman bietet sich weiterhin zu einer immer neuen Exegese an.

Die beiden erstgenannten Texte stammen aus der Feder mehrerer Personen und sind zum Zeitpunkt der großen Krise verfaßt, die schließlich zum Dreißigjährigen Krieg führt. Als ihre Autoren gelten insbesondere Tobias Hess (1568–1614) und Johann Valentin Andreae (1586–1654). Ersterer ist vor allem als Arzt und Esoteriker bekannt, während der zweite aus einer bedeutenden schwäbischen Lutherdynastie stammt und zweifellos der Autor des 1616 erschienenen Romans ist. Nach seinem Tod hinterläßt Andreae ein beachtliches Werk. Zu seinen Lebzeiten hat er einige Schwierigkeiten mit den protestantischen Kirchenbehörden, die ihn im Verdacht haben, der Urheber des Rosenkreuzermythos zu sein, der mit dem Erscheinen der beiden Schriften einen plötzlichen und dauerhaften Erfolg erfährt: In verschiedenen Ländern erscheinen zahlreiche Schriften, die entweder dafür oder dagegen sind – mehr als 200 sind es zwischen 1614 und 1620 und etwa 900 bis zu Beginn des 19. Jahrhunderts! Zu den für die Ausbreitung der Rosenkreuzerideen wichtigsten Autoren gehören Robert Fludd, Julius Sperber (?–1619) Elias Ashmole (1617–1692), Michael Maier, Samuel Hartlib (1595–1662), Jan Amos Comenius (1592–1670), aber auch John Heydon (*The Holy Guide*, 1662), Theophilus Schweighart (*Speculum sophicum – Rhodo-Stauricum*, 1618), welche alle an die in der Rosenkreuzerfikton aufkommenden Ideen anknüpfen. Vornehmlich mit Comenius nahm die irenische Idee eines Andreae, die bis dahin auf Deutschland und den lutherischen Glaubensrahmen beschränkt war, »planetarische Dimensionen an und wurde zum Vorläufer freimaurerischer Humanitätsforderungen« (R. Eidighoffer). In der Tat nehmen die von Comenius entwickelten Ideen im Jahre 1660 mit Gründung der Londoner Royal Society (den aufkommenden Rosenkreuzerideen gegenüber erweisen sich die Engländer offener als die Franzosen) konkrete Form an. Die Rosenkreuzerbewegung hat vornehmlich zwei Dinge zur Folge: Einerseits verstärkt sie das Interesse dieser Epoche an den theosophischen Spekulationen über die Natur im paracelsischen Sinne (es handelt sich hier um die sogenannte *Pansophie*, denn die Theosophie, *stricto sensu*, interessiert sich eher für die gewissermaßen »innergöttlichen« Prozesse); andererseits löst der Glauben an die Existenz einer Rosenkreuzergesellschaft hinter diesen Manifesten das Auftauchen ganz reeller Gesellschaften aus. Dies ist übrigens einer der unmittelbaren Gründe, die vom 17. Jahrhundert an zur Vermehrung der initiatischen Gesellschaften im Okzident geführt haben.

Die drei Schriften aus der frühen Rosenkreuzerzeit stehen in Zusammenhang mit dem vorausgegangenen theosophischen Kontext, an welchen sie sich auch zum Teil anbinden. Vetreten wird dieser durch Aegidius Guttmann (*Offenbarung göttlicher Majestät*, ein im Jahre 1619 veröffentlicher Text, der allerdings bereits seit seiner Niederschrift, wahrscheinlich im Jahre 1575, im Umlauf ist), durch Simon Studion (dessen ebenfalls sich im Umlauf befindliche *Naometria* immer noch unveröffentlich ist) und vor allem durch Johann Arndt. In seinen *Vier Bücher vom wahren Christenthum* (und hierbei vornehmlich in dem 1610 erschienenen letzten der vier Bände) entwickelt Arndt sein Konzept von dem, was man seitdem als »mystische Theologie« bezeichnet; es handelt sich hierbei um den Versuch, mittelalterliche Mystik, neuparacelsisches Denken und Alchemie in die Theologie zu integrieren. Eine solche Integration ist möglich dank einer spezifischen Eigenschaft des Individuums, nämlich der des Zugangs zu einer »zweiter Geburt«, welche als die Verkörperung der erwählten Seele in einer neuen Hülle angesehen wird. Vermutlich muß man in dieser mystischen Theologie die diskrete Verbindung zwischen den Rosenkreuzermanifesten und der »Chymischen Hochzeit« des J. V. Andreae sehen.

Lesarten der Welt und der Mythen

Philosophia occulta
Alle bis jetzt erwähnten Strömungen vom Ende des 15. bis zum Ende des 17. Jahrhunderts laufen auf eine *philosophia occulta* hinaus, auf eine magische Weltsicht, wo alles interferiert und sich analogisch reflektiert. Phänomene wie Hexerei nebst ihrer Prozesse, schwarze Magie, Teufelspakte oder Zauberei gehören zwar nicht unbedingt zur Esoterik, wie wir sie verstehen, stellen aber doch so etwas wie die dunkle Seite der *philosophia occulta* dar und damit einen bedeutenden Aspekt des damaligen imaginären Weltbilds. Weitgehend handelt es sich hier um die *magia naturalis*, eine frühmoderne Form der Naturwissenschaft. Es geht dabei um die Kenntnis und den Gebrauch okkulter Kräfte und Eigenschaften, die als »natürlich« angesehen werden, weil sie, objektiv gesehen, in der Natur vorhanden sind (siehe hierzu zum Beispiel *Magiae naturalis libri viginti*

von Giovanni della Porta aus dem Jahre 1589). Sie unterscheidet sich nur schwerlich von der Wissenschaft, die noch in den Kinderschuhen steckt, und zeigt sich oft als ein atheistisch angehauchter Naturalismus. Aber dieser mehrdeutige Begriff kann ebenfalls die *magia* im esoterischen Sinn bezeichnen, also das Unterfangen, Natur und Religion miteinander zu vereinen (und dies insbesondere mit dem Ziel, eine Ersatzlösung für den von den Kirchen verdammten Aristotelismus zu finden). Zu dieser *magia* gehört die weiße Magie oder Theurgie, welche Namen, Riten und Inkantationen benutzt, um so eine persönliche Verbindung zu den Entitäten herzustellen, die nicht zur Sinnenwelt gehören. Manchmal werden die beiden Aspekte der *magia naturalis* (der naturalistische Aspekt und die weiße Magie) miteinander kombiniert wie etwa in der »himmlischen« oder »astronomischen« Magie. In der Tat können die Gestirne gleichzeitig unter dem Blickwinkel des Einflußes betrachtet werden, den sie naturgemäß auszuüben scheinen, und des Einflusses, den ihr »Wille« ausübt (siehe hierzu *De vita coelitus comparanda*, 1489, von Marsilio Ficino; *De occulta philosophia*, 1533, von Heinrich Cornelius Agrippa).

Diesen wichtigen Vertretern der »okkulten Philosophie« fügen wir noch fünf weitere Namen hinzu (ohne jedoch Fludd, Paracelsus und andere bereits zitierte Namen zu vergessen, die natürlich auch hier ihren Platz haben): zunächst den Abt von Sponheim Johannes Trithemius (1462–1516), dessen *Steganographia* bis 1606 unveröffentlich blieb und dessen *De Septem Secundeis* (1522) von den sieben Göttern oder Geistern handelt, die die Sternenbahnen und die Weltgeschichte beleben; Jacques Gohory (*alias* Leo Suavius, um 1520–1576), Musikwissenschaftler, Anhänger der neuparacelsischen Bewegung und Autor der Schrift *De usu et mysteriis notarum liber* (1550) – um nur einige seiner Charakteristika zu nennen. Der elisabetha-

nische Magus John Dee (1527–1608) verbindet die Engel-
operationen der Kabbala mit den Hierarchien des Pseudo-
Dionysos; er ist der Autor der berühmten *Monas hiero-
glyphica* (1564), einem emblematischen Schlüssel zum
Verständnis der Entsprechungen zwischen Gott, dem
Menschen und dem Universum. Ferner Giordano Bruno
(1548–1600), ein vom alexandrinischen Hermetismus ge-
prägter Anhänger des Kopernikus und Vorkämpfer einer
religiösen Irenik; in seiner okkulten Naturphilosophie läßt
Bruno kaum einen Platz für die Welt der Engel; auch haben
nicht seine Bücher über Magie (*Sigilla sigillorum*, 1583; *De
Imaginum (...) compositione*, 1591, usw.), ihn auf dem
Scheiterhaufen der Inquisition sterben lassen, sondern
vielmehr sein antitrinitarisches Denken. Bleibt schließlich
noch der Dominikaner Thomas Campanella (1568–1639),
der letzte große Philosoph der Renaissance im Gefolge Fi-
cinos (*De sensu rerum et magia*, 1620).

Einer Arithmetik und einer himmlischen Musik liegt die
Ordnung der universalen Magie zugrunde. Die Astrologie
erscheint seitdem, und mehr denn je, als die »Königin unter
den Wissenschaften«. Sie bietet sich hierzu unter ihrem paracelsischen Aspekt geradezu an, ist dieser doch durch
akausale Entsprechungen geprägt. Im 17. Jahrhundert jedoch nimmt sie eher einen anderen Aspekt an, der sie von
der Esoterik entfernt: Die beiden größten Theoretiker Pla-
cidus de Titis (*Physiomathemarica*, 1650) und Jean-Baptiste
Morin (*Astrologia Gallica*, 1661) versuchen, die Astrologie
an die Kosmologie eines Aristoteles und eines Ptolemäus
anzubinden, während ihre Grundlagen durch die astronomischen Entdeckungen und durch die neue Himmelsme-
chanik endgültig in Frage gestellt werden.

Im 16. und 17. Jahrhundert gibt es zwischen den Zwi-
schengeistern, den Gestirnen und den Dingen unserer
Erde »Entsprechungen« im Sinne der Beziehungen, die Ficino zum Beispiel dank des »spiritus mundi«, dem Fahr-

zeug der Sternenwirkung, sich abzeichnen sieht. Nicht die Welt des mittelalterlichen *Picatrix* erfährt hier eine Veränderung, sondern eher die Rolle des Menschen, die anders, weniger passiv, aufgefaßt wird. Die wichtigste, und aktive, Fähigkeit, die uns den Zugang zur Welt der Entsprechungen öffnet, ist die Imagination, die *vis imaginativa*; sie kann Auswirkungen haben sowohl auf unseren eigenen Körper als auch außerhalb davon, ist gleichzeitig jedoch Instrument zur Erkenntnis, zur Gnosis. An sie knüpft sich die berühmte »Erinnerungskunst« an, die sich aus Techniken mittelalterlicher Mnemonik ableitet und sich vor allem am alexandrinischen Hermetismus orientiert; dabei handelt es sich um das Unterfangen, die Geschichte des Menschen, die Natur, überhaupt alle Kenntnisse, in unseren »*mens*« einzubringen, indem man die mentalen Bilder mit mythologischen und planetarischen Entsprechungen assoziiert (siehe hierzu vornehmlich Giulio Camillo, *L'idea del teatro*, 1550, und verschiedene Texte von Bruno und von Fludd). Die der neupythagoräischen Tradition nahestehende Arithmologie ist in diesem Zusammenhang sozusagen ganz natürlich vorhanden. Sie erfährt eine besondere Aufmerksamkeit bei Josse Clichtowe (*De mystica numerorum significatione*, 1513), einem Schüler von Lefèvre d'Etaples, in dessen Umfeld auch so bekannte Arithmosophen wie Charles Bovelles und German de Ganay arbeiten – oder bei Petrus Bungus (*Numerorum mysteria*, 1588). Auch findet man sie sogar in der Kosmologie eines Johannes Kepler (*Mysterium cosmographicum*, 1596), der ebenfalls Astrologe ist. Für Fludd sind Zahlen und Mathematik ein bevorzugtes Mittel, dank dessen er die gesamte Struktur des sichtbaren und unsichtbaren Universums in seiner Ganzheit studieren kann; er verbindet sie eng mit der Musik, wie es vor ihm bereits Francesco Giorgi oder Fabio Paolini (*Hebdomades*, 1589) taten, oder wie es Michael Maier in seiner *Atalanta fugiens* (1618) tut.

Im 16. Jahrhundert tauchen einige geschichtliche Figuren auf, welche die Nachwelt mit einer geheimnisvollen Aura umgibt. Hierzu gehören Michel de Nostre-Dame (*alias* Nostradamus, 1503–1566), ein Theurge, der in Versform seine »Prophezeihungen« über kommende Ereignisse verfaßt (seine *Centuries* und seine *Prophéties* werden immer wieder neu aufgelegt), oder auch Georg Faust, der von 1480 bis etwa um 1540 gelebt hat und mit dem Teufel einen Pakt geschlossen haben soll. Ein deutsches Volksbuch, das im Jahre 1587 im Druck erschien, beschreibt dieses sulfidische Abenteuer, das zum Thema einer Vielzahl belletristischer Werke wurde. Schließlich sei noch erwähnt, daß die Universitäten des 17. Jahrhunderts, allen voran die deutschen, in Form von »Dissertationen« und »Disputen« ein großes Interesse für das Okkulte zeigen – und daß in Spanien und Portugal ein starker islamischer Einschlag das Interesse für die *philosophia occulta* schürte (nur zwei Namen gilt es zu nennen, den des Arztes Ioavo Bravo Chamisso – *De medendis corporis malis*, 1605 – und den des Juristen Francisco Torreblanca aus Cordoba – *Demonologia sive de magia*, 1623).

Alchemie, das Wissen vom Menschen, von der Natur und von den Mythen

Noch zu Beginn des 16. Jahrhunderts sind die alchemistischen Texte vor allem in Manuskriptform im Umlauf, wie etwa eine Abhandlung von Ludovico Lazarelli oder *De Auro* von Giovanni Francesco Pico della Mirandola (ein im Jahre 1527 geschriebener und erst 1586 veröffentlichter Text). Zu den bekanntesten Veröffentlichungen zählen das Gedicht *Chrysopoeia* (1515) von J. A. Augurello, *Ars transmutationis* (1518) von J. A. Pantheus und auch *Coelum philosophorum* (1525) von Philip Ulstad. Hinzu kommen noch mehrere Sammlungen von verschiedenen Abhandlungen wie etwa *De Alchemia* von 1541 oder auch solche, die Gulielmo Gratarolo, vornehmlich unter dem Titel Verae *alchemiae* .. , (1561) zusammengestellt hat. Vom Ende des 16. Jahrhunderts an integriert sich dann ein großer Teil der alchemistischen Literatur in das paracelsische Umfeld und präsentiert sich als Theosophie oder eher als Pansophie (Thomas Vaughan, *Magia adamica*, 1650). Dies kann man sowohl bei Elias Ashmole, einem der Begründer der Royal Society in England, nachvollziehen als auch bei Samuel Hartlib, dessen »unsichtbares Kollegium« das Ziel hat, alle chemischen und alchemistischen Kenntnisse zusammenzutragen. Neben dieser pansophischen Strömung gibt es im 17. Jahrhundert drei typische Elemente: 1. ein Interesse für die Mythologie, in welcher man ein Schlüsselsystem vermutet, hinter dessen Allegorien sich die Geheimnisse des Großen Werks verbergen (siehe dies bei Clovis Hesteau de Nuysement, *Traictez du vray Sel*, 1621, oder Guillaume Mennens, *Aurei Velleris libri tres*, 1604; diese Tendenz kann man bis zum Mittelalter zurückverfolgen); 2. die Vorliebe für schöne Illustrationen; 3. die Ausgabe von Enzyklopädien und umfangreichen Textsammlungen: *Theatrum Chemicum Britannicum* von E. Ashmole, 1652; das sechsbändige *Theatrum Chemicum* von 1659/1661 (erste Fassung 1602); das *Musaeum Hermeticum*, 1678, sowie die *Bibliotheca chemica curiosa* von J. J. Manget, 1702.

Deutsche Kaiser (darunter vor allem Rudolph II. von Prag sowie Ferdinand II.) und zahlreiche Fürsten unterstützen die Alchemie, aber auch bedeutende Begründer der modernen Naturwissenschaft stehen ihr nicht gleichgültig gegenüber. Isaac Newton (1642–1727) widmet ihr ziemlich viel Zeit, und die Hälfte seiner alchemistischen Schriften stammt aus den sieben oder acht Jahren nach der Veröffentlichung seiner *Principia* von 1686.

Eine hermetisch-emblematische Kunst
Im Italien der Renaissance gibt es eine hermetisierende
Kunst, wobei es sich entweder um die Abbildung von Hermes Trismegistos in Person handelt, der etwa 1488 auf dem
Boden der Kathedrale von Siena unter den dargestellten
Personen auftaucht, oder um die Verbindung von Sternzeichen, mythischen Gestalten und hermetischen Symbolen
in Fresken oder Gemälden (wie etwa in den Borgia-Räu-
men des Vatikans, bei der »Primavera« von Botticelli aus
dem Jahr 1478 usw.) Auf den ersten Stichen seines *De
Mundi aetatibus imagines* (1545/1573) erweist sich der Po-
trugiese Francesco de Holanda als ein genialer Vorläufer
von J. Böhme und W. Blake. Über dreißig Jahre lang, und
zwar vom Ende des 16. Jahrhunderts an, kann man das
Entstehen von Werken beobachten, in denen die Stiche
eine ebenso große – und manchmal sogar noch größere –
Rolle spielen als der Text selbst. Sie sind meistens alchemistischen Inhalts und reihen sich ein in die kurz zuvor mit
Alciati entstandene Tradition des Emblematischen. Hierzu
gehören etwa *Cabala* (1616) von Steffan Michelspacher,
Opus medico-chymicus und *Philosophia reformata* (1622)
von J. D. Mylius, *De lapide philosophico* von Lampsprinck
(1625), die bereits erwähnte Textsammlung von Ashmole,
der *Mutus liber* (1677, ohne begleitenden Text) und vor
allem die berühmte *Atalanta fugiens* (1618) von Michael
Maier, deren fünfzig emblematische Stiche von einem Text
und einer Musikpartitur begleitet sind. Weniger als alchemistisch denn als eher theosophisch sind die wunderbar
illustrierten Werke eines Heinrich Khunrath (*Amphitheatrum Sapientiae Aeternae*, 1595) und eines Robert Fludd
(*Utriusque Cosmi historia*, 1617/1621) anzusehen, oder
auch die von J. G. Gichtel herausgegebene komplette Am-
sterdamer Werkausgabe von Böhme.

Auch die Literatur hat eine vielversprechende Beziehung zur Esoterik. Die *Hypnerotomachia Poliphili* (oder

Poliphilos Traumliebesstreit, 1499) von Francesco Colonna, das *Cinquième Livre* (1564) von François Rabelais, die *Voyage des Princes fortunés* (1610) von Beroalde de Verville zeichnen sich durch eine literarische Esoterik aus, die vergleichbar ist mit der des Rosenkreuzerromans (1616) von Andreae, von dem wir bereits gesprochen haben. Manierismus und Geheimwissenschaften passen gut zusammen zur Zeit eines Maurice Scève (*Microcosme*, 1562), Guy Lefèvre de la Boderie (*La Galliade*, 1578), Fabio Paolini (*Hebdomades*, 1589), Edmund Spencer (*The Fairie Queene*, 1596), Torquato Tasso (*Mondo creato*, 1607), Gianbattista Marino (*Dicerie Sacre*, 1614). Die Dramaturgen bringen auf den Bühnen des elisabethanischen Theaters Stücke heraus, die entweder von eben diesen Wissenschaften durchdrungen sind (William Shakespeare, *The Tempest*, 1610) oder die sich darüber lustig machen (Ben Jonson, *The Alchemist*, 1610). Die literarischen Werke sind jedoch äußerst zahlreich und reichen von der barocken und böhmeschen Dichtkunst des *Cherubinischer Wandersmann* (1675) eines Johannes Scheffler (*alias* Angelus Silesius) über den sehr populären *Comte de Gabalis ou entretiens sur les sciences secrètes* (1670) von Montfaucon de Villars bis zum bewußt alchemistischen Theater eines Chr. Knorr von Rosenroth mit *Conjugium Phoebis et Palladis* (1677).

Im Bereich der Malerei haben Gemälde wie »Der Garten der Lüste« (um 1510) von Hieronymus Bosch (um 1450–1516) oder Pieter Bruegels d. A. (um 1520–1569) »Dulle Griet« (1562) bis heute noch nicht alle ihre Geheimnisse offenbart. Zwei malerische Werke aus dem 17. Jahrhundert sind von besonderem Interesse; einerseits das anonyme Gemälde »Die alchemistische Jungfrau« in der Kirche Saint-Maurice zu Reims mit seinen hermetischen und arithmologischen Konnotationen, das vermutlich vom Beginn des Jahrhunderts stammt, und andererseits das kabbalistische Retabel »Turris Antonia« (oder *Lehrtafel der*

76

Prinzessin Antonia von Würtemberg) in Bad Teinach
(1663/1673). Beide Kunstwerke kann man noch an ihren
Originalplätzen bewundern. Hinzu kommen ferner die
Werke, die von diesen Traditionen ausgehend einen impli-
ziten esoterischen Charakter haben, zum Beispiel die *Ico-
nes Biblicae* (1627) von Matthieu Merian, ein Stich, der in
der Straßburger Lutherbibel von 1630 enthalten ist; es handelt sich hier um die Darstellung der Hochzeit von Kana
in einem Rahmen aus christlicher Lehre und alchemistischer Transmutation.

DIE ESOTERIK
IM SCHATTEN DER AUFKLÄRUNG

Eine Blütezeit der Theosophie

Am Anfang des Illuminismus
Das im Jahre 1706 übersetzte *Corpus Hermeticum* wird im
germanischen Späthumanismus zum Gegenstand wissen-
schaftlicher Kommentare (*Bibliotheca Graeca* von J. A. Fa-
bricius, 1708/1727). Kurz zuvor hatte der Theosoph und
Sophiologe Gottfried Arnold eine umfangreiche Geschichte der mehr oder minder »häretischen« Mystiker
und Esoteriker geschrieben (*Unparteyische Kirchen- und
Ketzerhistorie*, 1699/1700), die dann noch eine Ergänzung
erfährt dank der langen und mehr kritischen Abhandlungen eines Jacob Brucker (*Historia critica philosophiae*,
Band II und IV, 1753) über die Kabbala, den Pythagoris-
mus und die Theosophie. Dank der Ausgaben oder Exegesen von Böhmes Werken, wobei vor allem J. G. Gichtel
und J. W. Ueberfeld in Deutschland und D. A. Freher und
William Law in England zu nennen sind, kommt die böh-
mesche Bewegung ohne Schwierigkeit ins 18. Jahrhundert
hinüber, und die »Berleburger Bibel« (1726/1742) trägt ihrerseits dazu bei, diese Ideen in dem dafür offenen pietistischen Milieu zu verbreiten. Ebenfalls in Berleburg veröffentlicht Hector de Saint-Georges de Marsais seine theosophischen Schriften (*Explication de la Genèse*, 1738), wobei,
wie bei der Bibel, der Einfluß von Böhme, Mme Guyon
und Pierre Poiret spürbar ist. Ähnlich Anklänge findet
man manchmal in *Le mystère de la croix* (1732) von Dou-
zetemps mit seiner sowohl pietistischen als auch alchemistischen Prägung. Aber neben dieser zum Mystischen ten-

dierenden Theosophie taucht sowohl im böhmeschen und als auch im paracelsischen Umfeld eine andere, den okkulten Wissenschaften Wissenschaften näherstehende Theosophie auf, deren stark auf Magie hin orientierte Lehren in initiatischen Gesellschaften ihren Niederschlag finden werden. Diese Tendenz spiegelt sich insbesondere in drei auf deutsch verfaßten Werken wider, nämlich in der *Theo-Philosophia Theoretico-practica* (1711) von Samuel Richter (*alias* Sincerus Renatus), in der *Aurea catena Homeri* (1723) von A. J. Kirchweger und im *Opus mago-cabbalisticum et theosophicum* (1719) von Georg von Welling (*alias* Salwigt), dessen Einfluß auf den jungen Goethe bekannt ist. Schließlich führt die heutige, spekulativ genannte Freimaurerei, die im Jahre 1717 in London ins Leben gerufen wird, 1730 in ihre Rituale den Mythos vom Tod und der Auferstehung des Hiram ein, was eine esoterisch geprägte Hermeneutik begünstigt. Und dann tauchen in den dreißiger Jahren vornehmlich auf dem Kontinent Systeme oder »Riten« (d. h. Rituale) mit Hochgraden auf (es handelt sich hierbei um höhere Grade als die üblichen Lehrlings-, Gesellen- und Meistergrade; diese bilden die sogenannte »blaue« Freimaurerei oder das »Berufs«freimaurertum), ein idealer Rahmen für eine Esoterik mit einerseits ritterlichen oder christlichen oder andererseits »ägyptischen« oder neuheidnischen Kolorationen.

Die großen Theosophen

Die Jahre 1770 bis 1815 entsprechen der Zeit des Illuminismus; hierzu gehören also diejenigen, deren Leben oder Schaffen vor dem Ende des Ersten Kaiserreiches beendet ist. Die Theosophie erfährt eine Blütezeit. Der geschätzte schwedische Wissenschaftler und Erfinder Emanuel Swedenborg (1688–1772) unterbricht 1745 seine wissenschaftliche Tätigkeit, nachdem eine Reihe von Träumen sein Innerstes urplötzlich verwandelt hatte. Er stürzt sich nunmehr in das Studium der Heiligen Schriften und verfaßt seine *Arcana coelestia* (1747/1758), denen zahlreiche andere Werke folgen. Swedenborg beschreibt darin seine Visionen in Bildern und in Figuren, die eine Art deskriptiver, ja sogar realistischer Geographie der himmlischen Sphären und der spirituellen Welten darstellen. Sein Werk trägt viel dazu bei, daß ein breites Publikum die Vorstellung der universalen Entsprechungen annimmt, die von der Natur zum Menschen und vom Menschen zu Gott sich ohne Unterbrechung wie eine ganze Reihe von hierarchisch angeordneten Zwischenstationen präsentieren: In der natürlichen Welt »entspricht« jedes Objekt, sei es noch so unendlich klein, einem Element aus der spirituellen Welt. Ein farbenreicher, aber durchgehend platter Stil hält manchen Leser von der Lektüre ab (in seiner Abhandlung *Träume eines Geistersehers*, 1776, kritisiert Kant Swedenborg auf philosophischer Ebene), aber kein anderer Theosoph hat auf die Literatur des 19. Jahrhunderts einen so nachhaltigen Einfluß ausgeübt. Von den siebziger Jahren an halten seine Schriften überall Einzug in Form von Übersetzungen oder von Auszügen. Die meisten anderen bedeutenden Theosophen schätzen Swedenborg kaum, erscheint ihnen doch seine Christologie etwas zweifelhaft, aber seine Lehre inspiriert gewisse Freimaurerriten und bewegt im Jahre 1787 Anglikaner dazu, eine religiöse Sekte zu gründen, nämlich die heute immer noch florierende »New Church« (Neue Kirche).

Der Schwabe Friedrich Christoph Oetinger (1702–1782), ein von Böhme und der Kabbala beeinflußter lutherischer Pfarrer, Naturphilosoph und Alchemist, macht sich zum Exegeten Swedenborgs, von dem er allerdings dann auch wieder abrückt; er ist der Vertreter einer eklektischen und gelehrten Esoterik. Für ihn ist die *magia*, die höchste aller Wissenschaften, eine Erkenntnismethode zum Erfassen der Verbindungen zwischen erdverbundener und himmlischer Physik. Denn alles ist »physisch« (»Leiblichkeit ist das Ende der Wege Gottes«), aber nur eine mit einer permanenten Hermeneutik der Natur und der Heiligen Schriften verbundene »höhere Physik« vermittelt uns die Schlüssel zur Erkenntnis der Art und Weise, wie das Göttliche und die Natur sich gegenseitig durchdringen (*Biblisches und emblematisches Wörterbuch*, 1776; *Oeffentliches Denckmal der Prinzessin Antonia*, 1763). Mittels einer Darstellung der Kabbala von Isaac Luria trägt Oetinger dazu bei, die deutschen Pietisten mit dem Hassidismus vertaut zu machen, der dem Pietismus ohnehin nahesteht.

Auch wenn er weniger Physiker und weniger Kabbalist ist, so erweist sich Michael Hahn (1758–1819) doch als ein bedeutender Theosoph in der Nachfolge Böhmes, und seine Schriften über die Androgynie oder über Sophia gehören zu den Klassikern ihrer Art. Wenig mystisch, auch kaum von Böhme beeinflußt, aber populärer dank seiner Schriften verdankt der Münchener Karl von Eckartshausen (1752–1803) wenig diesen oben genannten deutschen Denkern. Sein sehr reichhaltiges Werk (hierzu gehören Titel wie *Zahlenlehre der Natur*, 1794; *Die Wolke über dem Heiligthum*, 1802), das in viele Sprachen übersetzt und stets neu aufgelegt wurde, findet heute immer noch Zuspruch bei verschiedenen Leserschichten sowie bei Alchemisten. In deutscher Sprache verfaßt zu Beginn des 19. Jahrhunderts der Elsässer Friedrich-Rudolf Saltzmann sein theosophisches Werk, das allerdings auf ein geringeres Echo stößt (*Es wird alles neu werden*, 1802/1810).

In Frankreich ist der Gründer des theurgischen Ordens der Elus-Cohens, Martinès de Pasqually, der Verfasser eines *Traité de la réintégration des êtres*, welches zu den Hauptwerken der modernen Theosophie zählt. Unter seinem Einfluß verfaßt Louis-Claude de Saint-Martin (1743–1803), auch der Unbekannte Philosoph genannt, *Des erreurs et de la vérité* (1775), *Tableau naturel* (1781), ferner

81

L'Homme de désir (1790), *Le Nouvel homme* und *Ecce Homo* (1792). Bei einem Aufenthalt in Straßburg (1788/1791) schließt er enge Freundschaft mit Fr. R. Saltzmann, der ihn mit Böhmes Werk bekannt macht. Als Folge davon veröffentlicht er nun weitere, nunmehr von Böhme beeinflußte Hauptwerke der Theosophie (*Le Ministère de l'Homme-Esprit*, und *De l'Esprit des choses*, 1802). Saint-Martin ist jedoch alles andere als ein Nacheiferer, er ist vermutlich der bedeutendste christliche Esoteriker seiner Zeit und gleichzeitig ein bedeutender französischer Schriftsteller, dessen Ausstrahlung niemals an Stärke eingebüßt hat. Er hat interessante Briefwechsel hinterlassen, und zwar sowohl mit Freimaurern oder den Elus-Cohens wie J. B. Willermoz als auch mit Leuten, die ihm spirituell nahestanden, wie der Berner Niklaus Anton Kirchberger (1739–1799). In diese Galerie berühmter Theosophen gehört auch Jean-Philippe Dutoit-Membrini (1721–1793), Verfasser einer *Philosophie divine* (1703), die Saint-Martin nichts zu verdanken hat. Schließlich taucht in den letzten Jahren des Jahrhunderts und während der Zeit des Kaiserreiches vornehmlich in Deutschland eine esoterisch ausgerichtete Naturphilosophie auf.

Gesichter des Illuminismus

Andere Persönlichkeiten vervollständigen diese Galerie – ebenfalls der Theosophie verbunden zeichnen sie sich jedoch durch eine devotionale Esoterik oder durch weitgehende Eigenständigkeiten aus. Zunächst ist der sympathische Johann Caspar Lavater (1741–1801) zu nennen, ein Pastor aus Zürich, der sich für alles Übernatürliche interessiert und auch die Theurgie nicht verachtet, bisweilen sich im Magnetismus übt und von einer naturalistischen Christologie geprägte Ideen entwickelt (*Aussichten in die Ewigkeit*, 1768/1778). Die Nachwelt sieht in ihm allerdings vorrangig den großen modernen Theoretiker der Physiognomie (*Physiognomische Fragmente*, 1775/1778). Wohl kein anderer deutschsprachiger Denker seit Luther hat eine so monumentale Korrespondenz geführt wie er. Johann Heinrich Jung-Stilling (1740–1817) ähnelt ihm in bezug auf den Umfang der Korrespondenz und auf das Interesse für metapsychische Phänomene (*Theorie der Geisterkunde*, 1807). Die Kommunikation mit der Geisterwelt steht ebenfalls im Mittelpunkt des Interesses bei Johann Friedrich Oberlin (1740–1826), einem Pastor im elsässischen Steinthal. In Rußland hinterläßt Iwan Wladimir Lopouchine (1756–1815) ein wahres Kleinod an theosophischer Literatur (*Quelques traits de l'Eglise intérieure*, 1791), welches immer wieder übersetzt und neu aufgelegt wurde und aufgrund der dort gelehrten posturalen Gebetstechniken dem Hesychasmus nahesteht; er ist der Übersetzer von Böhme, Swedenborg, Eckartshausen und Jung-Stilling und auch der Begründer einer Zeitschrift, *Le Messager de Sion* (1807/1817), welche sich an die Lehren der russischen martinistischen Loge des Nicolas Novikov anlehnt.

Außer diesen starken Tendenzen zur christlich-esoterischen Spiritualität hat der Illuminismus noch andere Orientierungen, die allerdings mehr neuheidnischer Natur sind. Wenn André Fabre d'Olivet (1767–1825) eine *Langue hébraïque restituée* (1810, veröffentlicht 1816/1817) schreibt, dann tut er dies nicht aus jüdisch-christlicher Begeisterung heraus, sondern vielmehr aus dem Wunsch, den Ursprung der Sprache zu entdecken; seine *Vers dorées de Pythagore* (1813) unternehmen den Versuch, die Existenz einer verlorenen, aber universalen Tradition nachzuweisen. Weniger philosophisch, aber dafür vor allem enzyklopädisch angelegt ist die große Summa von Court de Gébelin (1725–1784), *Le Monde primitif* (1773/1784), die einen der ersten Versuche darstellt, durch die verschiedenen bekannten Traditionen hindurch das wiederzufinden, was man später die Ur-Tradition nennt. Schließlich liefert die Ägyptenbegeisterung für viele esoterische Ideen und Praktiken einen initiatischen Rahmen, und zwar vom Roman des Abbé Terrasson (*Sethos*, 1731) an über das »ägyptische« Freimaurertum, *Die Zauberflöte* (Oper von Mozart, 1791) und Kostis Reise (1795) von Eckartshausen bis zu *Nouvelles recherches sur l'origine et la destination des pyramides d'Egypte* (1812) von A. P. J. de Vismes.

Von den Künsten des Lesens zur Kunst der feinstofflichen Ausstrahlungen

Fortdauer der okkulten Wissenschaften
Dank einiger gelehrter Abhandlungen hat die christliche Kabbala in der ersten Hälfte des Jahrhunderts überleben können. Nach Initiation durch den christlichen Kabbalisten Christian Fende und den jüdischen Kabalisten Koppel Hecht schreibt Oetinger seine berühmte »Lehrtafel« von 1763, eine Interpretation des esoterischen Retabels aus der Kirche von Bad Teinach, welches im vorhergehenden Jahrhundert gemalt worden war. Phythagorismus und Hermetismus sind weiter im Vormarsch (zahlreiche neuphytagoräische Schriften wie *Les Voyages de Pythagore en Egypte* von Sylvain Maréchal, 1799, erscheinen, aber auch eine neue deutsche Übersetzung des *Pimander* im Jahre 1781). In dem volkstümlicheren Rahmen der Salons und anderer Orte der Begegnung begünstigt das Zeitalter des Illuminismus das Aufkommen von Persönlichkeiten, die sich auf die Ausbeutung des Hangs zum Wundersamen spezialisiert haben, wie etwa der Graf von Saint-Germain (1707–1784) und Joseph Balsamo (*alias* Cagliostro, 1743–1795). Die wunderbaren Kräfte, die leichtgläubige Zeitgenossen ihnen andichten, spiegelt die Begeisterung für okkulte Wissenschaften wider, was ebenfalls zum Ausdruck kommt in

den Ausgaben des *Grand Albert* und des *Petit Albert*, in einer umfangreichen Literatur über Vampirismus, die sich vor allem seit 1732 bis zum *Traité sur les apparitions* (1746) von Dom Calmet breitmacht, sowie in den zahlreichen Diskussionen über das Hexentum. Wenn man nicht an übernatürliche Dinge glaubt, dann schätzt man den Hang zu pittoresken Illusionen, daher eine Vorliebe für Automaten und amüsante physikalische Versuche. Am Vorabend der Französischen Revolution inkarniert eine sowohl anziehende als auch beunruhigende Persönlichkeit gerade verschiedene Formen dieser Geisteshaltung; es handelt sich um den Franzosen Alliette (*alias* Etteila), eine Mischung aus Scharlatan und Theosoph mit einem Hauch von Alchemist (*Les Sept nuances de l'oeuvre philosophique*, 1786), dessen Hauptverdienst darin besteht, daß er zur Verbreitung des divinatorischen Tarot beigetragen hat. Eine etwas später erscheinende Kompilation aus dem Umfeld eines Agrippa, Vorläuferin einer kommenden okkultischen Literatur, hat überaus großen Erfolg. Es handelt sich um *The Magus* (1801) von Francis Barret (wobei man gleichermaßen Karl Joseph Windischmann nennen kann mit *Untersuchungen über Astrologie, Alchemie und Magie*, 1813).

Vornehmlich in Frankreich ist die Musik Gegenstand von esoterischen Spekulationen, die dann zu bestimmten Werken führen und auch zu den »Farbenklavieren«, wie sie L.-B. Castel 1740 und Eckartshausen 1788 beschreiben. Saint-Martin ist die einzige Persönlichkeit dieses Jahrhunderts, dem es gelingt, eine über die Musik ausgearbeitete Spekulation ganz zügig in eine theosophische Abhandlung zu integrieren (*Des erreurs*, 1775 und *De l'Esprit des choses*, 1802), wobei man allerdings A. P. J. de Vismes (*Essai sur l'homme, ou l'homme microcosme*, 1805) nicht vergessen darf, und auch nicht die ersten Untersuchungen von Fabre d'Olivet. Schließlich zeichnen sich gewisse illuminierte

Propheten in dieser Zeit durch sehr intensive Aktivität aus: Suzette Labrousse und Catherine Théot während der Französischen Revolution, Mlle Le Normand am Vorabend des Kaiserreichs, Richard Brothers in England, Thomas Pöschl in Deutschland und noch viele andere. Das Klima ist günstig für verschiedene Formen von Okkultismus, die jedoch nicht immer etwas mit Esoterik zu tun haben.

Die Alchemie, dunkle Seite der Aufklärung und Licht der Mythologie

Die Fortschritte der Chemie, die nun endgültig als wissenschaftliche Disziplin Anerkennung findet, sind gleichzeitig der Beginn des unaufhaltsamen Abstiegs der operativen Alchemie. Aber selbst nach der Veröffentlichung der Arbeiten von Lavoisier (1787/1789) bleibt das Interesse an der Alchemie wach, und auch der Literaturfluß läßt nicht nach. In Diderots *Encyclopédie* ist Maloin, der Verfasser der Artikel »Alchemie« und »Alchemisten«, ihr eher gewogen. Die Gelehrten glauben nämlich darin ein noch schlecht erkundetes Investigationsfeld zu erkennen. Der Durchschnittsmensch sieht darin eine Quelle plötzlichen Reichtums, die bedingungslosen Rationalisten eine Praktik für Scharlatane, und für einen Teil des breiten Publikums handelt sich um einen Aspekt des Wunderbaren unter vielen anderen. All dies betrifft jedoch vor allem die Herstellung von Gold, die »operative« Alchemie. Wie schon früher ist es oft schwierig, diese von der »spirituellen« Alchemie zu unterscheiden, die sich als eine Form von Gnosis darstellt. Bei einer noch recht umfangreichen Herausgebertätigkeit, aus der allerdings die Tradition der schönen Buchillustrationen verschwunden ist, sind vor allem drei Aspekte von Interesse. Der erste betrifft die nach wie vor große Rolle der Sammlungen von Abhandlungen. Nach der von J. J. Manget (siehe weiter oben) erscheinen nunmehr die in volkstümlicher Sprache verfaßten *Deutsches*

Theatrum Chemicum (1728) von Friedrich Roth-Scholtz, *Neue Alchymistische Bibliothek* (1772) von F. J. W. Schröder und andere. Als eine Randerscheinung zeigt sich ferner das Bedürfnis nach einer Zwischenbilanz dank historiographischer Abhandlungen (Nicolas Lenglet-Dufresnoy, *Histoire de la philosophie hermétique*, 1742), nach detaillierten Bibliographien (Roth-Scholtz, *Bibliotheca chemica*, 1727) und nach Wörterbüchern (Dom Pernéty, *Dictionnaire mytho-hermétique*, 1758). Ein zweiter Aspekt besteht darin, den Geschichten und Figuren griechischer und ägyptischer Mythologie eine alchemistische Lesart zu geben, indem man entweder die antiken »Fabeln« auf eine allegorische Abhandlung reduziert, deren einziges Ziel eine verschlüsselte Beschreibung der Transmutationsprozesse sein soll (typisch hierfür sind die *Fables égyptiennes et grecques dévoilées*, 1758, von Dom Pernéty), oder indem man diese Mythologie auf mehreren Ebenen auf eine nicht reduktionistische Art und Weise interpretiert, wobei man einer Hermeneutik nach Art der Theosophie folgt (wie etwa Hermann Fictuld, *Aureum Vellus*, 1749, und Ehrd de Naxagoras, *Aureum Vellus*, 1753, beide auf deutsch, und Anselmo Caetano, *Ennoea*, 1732/33, auf portugiesisch). Diese beiden Formen von Exegese hatten bereits ihre Vorläufer, und zwar vornehmlich in der Person von Michael Maier. Aber weder die erste noch die zweite Form findet Zustimmung bei Theosophen wie Saint-Martin, für den der heuristische Wert der Alchemie die materielle Ebene nicht überschreitet. Ein dritter Aspekt der Alchemie im Zeitalter der Aufklärung besteht in ihrem diffusen, aber klar erkennbaren Vorhandensein bei den Naturwissenschaftlern und den Naturphilosophen, die mehr oder minder vom paracelsischen Denken beeinflußt sind, wie Herman Boerhaave, J. R. Spielmann, Johann Juncker und natürlich auch Oetinger. Dies ist bereits ein Vorzeichen der romantischen *Naturphilosophie*.

Der tierische Magnetismus

Nach einer im alchemistischen Denken weit verbreiteten Idee enthält die Materie ein Licht oder ein unsichtbares Feuer, dessen Natur die des Wortes ist, Schöpfer des Lichtes am ersten Tag. Dieses Feuerprinzip mit Universalcharakter, das auf halbem Weg zwischen dem Natürlichen und dem Übersinnlichen angesiedelt ist, ist von großer Bedeutung für das kosmologische Imaginäre des Abendlandes. Es hat zur Erläuterung der platonischen Idee von der Weltseele auf den verschiedensten Ebenen gedient und hat sich in unzählige Themen und Motive aufgespalten. Die im 18. Jahrhundert weit verbreitete Tendenz, experimentelles Forschen und spekulatives Denken miteinander zu verknüpfen, begünstigte sein Wiederauftauchen unter neuen Formen. Im vorhergehenden Jahrhundert hatten sich Forscher wie etwa Rudolf Gockel und Athanasius Kircher für magnetische und elektrische Phänomene begeistert. Zur Zeit der Aufklärung erarbeiten einige Naturphilosophen, die Oetinger nahestehen, eine »Theologie der Elektrizität«. Es handelt sich dabei vornehmlich um J. L. Fricker, G. F. Rösler, Prokop Divisch (*Theorie der meteorologischen Elektrizität*, 1765). Ist bei ihnen der theosophische Charakter ihrer Spekulationen noch deutlich, so ist dies schon keineswegs mehr der Fall bei dem schwäbischen Arzt Franz Anton Mesmer (1734–1815), was nicht bedeutet, daß der Mesmerismus zum damaligen Zeitpunkt die Esoteriker nicht interessiert.

Bei seiner Suche nach der Ursache der universellen Gravitation postuliert Mesmer (und dies seit seiner Doktorarbeit über *De influxu planetarum in corpus humanum*, 1766) das Vorhandenseins eines unsichtbaren, überall verbreiteten Fluidums, das der gegenseitigen Einflußnahme, die zwischen himmlischen Körpern, der Erde und lebenden Körpern existiert, als Fahrzeug dient. Nachdem er zunächst durch Auflegen von Magneteisen (eine Methode, die später von Charcot wieder aufgenommen wird) und durch Berühren mit der Hand geheilt hat, entwickelt er eine Therapie, die darin besteht, daß Leute sich nebeneinander um einen mit Wasser, Eisenspähnen und Sand gefüllten Waschzuber setzen. Sie kommunizeren mit dem Bottich über Eisenstäbe oder Taue und bilden »Ketten«. So kann der »Magnetismus« von einer oder mehreren gesunden Personen, die um den Zuber herum sitzen, auf den oder die Kranken übergeleitet werden. Mesmer praktiziert seit 1778 in Paris und hat hier einen gewaltigen Erfolg, stößt allerdings auf Unverständnis bei der offiziellen Medizin. In der Provinz verbreitet sich der Magnetismus, wobei er jedoch eine okkultistische Färbung annimmt, so in Straßburg mit A. M. J. de Puységur, in Lyon mit J. B. Willermoz, in Bordeaux mit Dr. Moët, in Turin mit Dr. Giraud. Sein Freund Nicolas Bergasse verankert die Doktrin in einer *Théorie du monde et des êtres organisés* (1784). Mesmer selbst gibt seiner Arbeit einen initiatischen Aspekt, indem er im Jahre 1783 eine »Gesellschaft der Harmonie« gründet, die eine große Anzahl ihrer Symbole aus dem freimaurerischen Umfeld bezieht. Er schreibt im Jahre 1785, wir haben einen inneren Sinn in uns, der mit der Gesamtheit des Universums in Verbindung steht; eine Idee, die bei den deutschen Romantikern besonders starken Anklang findet, gleicht doch der innere »Sinn« bei Kant eher einer Verarmung neben dem, was bei Mesmer eine Entfaltung der dem menschlichen Wesen innewohnenden potentiellen Kräfte darstellt. Der tierische Magnetismus ist mehr als nur eine Modeerscheinung; er ist vielmehr ein markantes Kulturphänomen am Vorabend der Aufklärung, in der späteren Naturphilosophie, in der Literatur und in der Geschichte der dynamischen Psychiatrie bis einschließlich Freud.

Ein Jahrhundert der Initiationen

*Strikte Observanz des Templerordens und
Rektifizierter Schottischer Ritus*
Es ist natürlich klar, daß die Hochgrade den höchsten esoterischen Gehalt aufweisen. Schauen wir uns einmal kurz
die wichtigsten dieser Riten an, ohne jedoch auf die Frage
der freimaurerischen »Regularität« in bezug auf die englische Mutterloge einzugehen (diese Frage ist sehr komplex
und geht über den hier gesteckten Rahmen weit hinaus),
und beginnen wir mit den beiden wichtigsten Riten, die
auch am meisten untersucht wurden. Zunächst einmal das
»Strikte Observanz« genannte System, das Reichsfreiherr
Karl von Hund um 1750 ins Leben gerufen hat. Es gibt sich
wie eine Filiation des Templerordens, der von Philipp dem
Schönen vernichtet worden war. Diese Strikte Observanz
ist das bedeutendste Freimaurersystem in Deutschland bis
in die achtziger Jahre. In Frankreich setzt Martinès de Pasqually (siehe weiter oben) von 1754 an einen besonderen
Ritus ein, den der sogenannten »Elus Cohens« (der »Aus-
erwählten Coens«), der im eigentlichen Sinne nicht frei-
maurerisch ist, sondern vielmehr theurgisch mit einem ma-
gisch-operativen Ritual. Pasqually gründet in mehreren
französischen Städten »Tempel« für seinen Ritus und er-
teilt die Coheninitiation in den sechziger Jahren Jean-Baptiste Willermoz aus Lyon (1730–1824), der ebenfalls ein
Eingeweiter der Strikten Observanz war. Dieser erarbeitet
in den Jahren 1777/1778 mit Hilfe einiger Leute aus Lyon
einen Freimaurerritus, dessen Symbolik im wesentlichen
auf der martinesistischen »Cohen«-theosophie beruht, nur
ist seine Orientierung nicht mehr theurgisch. Das Ergebnis
dieser Arbeit ist der Orden der Chevaliers Bienfaisants de
la Cité Sainte (CBCS, was dem sechsten und höchsten
Grad des Ritus entspricht, zu deutsch: Die Wohltätigen
Ritter der Heiligen Stadt) und die Gesamtheit dieser sechs

Grade bildet den »Rektifizierten Schottenritus«. Anfangs ist er noch mit der Strikten Observanz verbunden und gründet schnell Logen in Frankreich, Italien, Rußland und der Schweiz. Gegen Ende der siebziger Jahre beschließen zwei der wichtigsten Persönlichkeiten der Strikten Observanz, Graf Ferdinand von Braunschweig und Prinz Karl von Hessen-Kassel, beide begeisterte Anhänger esoterischer Wissenschaften, die Vertreter der Strikten Observanz in einem großen freimaurerischen Konvent zu vereinen, um über Ursprung, Wesen, Ziel und Aufgabe der Freimaurerei nachzudenken. Ferdinand verschickt Rundschreiben zur Vorbereitung dieses Treffens an verschiedene Persönlichkeiten (der im Rektifizierten Schottenritus initiierte Joseph de Maistre antwortet darauf mit seinem berühmten Text *Mémoire* von 1780). Der Konvent versammelt sich im Juli-August 1782 in Wilhelmsbad; man gibt dabei den Mythos der Templerfiliation auf und akzeptiert generell das System von Willermoz. Dieser Konvent ist ein bedeutendes Ereignis dieser Epoche, bekriegen sich doch hier zwei Kategorien von Freimaurern, von denen die einen auf verschiedene Formen von Esoterik ausgerichtet sind, während die andern, die auch in der Strikten Observanz viele Anhänger haben, sich eher auf den Rationalismus der Aufklärung berufen. Unter dem Namen »Martinismus« hat der Rektifizierte Schottenritus schnell Rußland erfaßt, wo auch der Gold- und Rosenkreuzer-Orden (siehe weiter unten) bereits seinen Einzug gehalten hat. In Rußland ist Nicolas Novikov (1744–1818) eine der Hauptfiguren dieser zweifachen Strömung.

Andere freimaurerische und
winkelmaurerische Gesellschaften
Unterscheiden wir klar zwischen den christlichen oder »abendländischen« Riten (zu welchen der Rektifizierte Schottenritus und die Strikte Observanz gehören) mit mit-

telalterlichem, ritterlichem Einschlag, deren freimaurerischer »Orient« Jerusalem, das Heilige Land, ist, und den eher neuheidnischen oder »ägyptischen« Riten. Manchmal ist die Grenze zwischen diesen beiden Ritearten etwas unklar, und natürlich kann eine Person mehreren dieser Riten gleichzeitig angehören. Der in den siebziger Jahren in Deutschland gegründete sogenannte Orden der »Gold- und Rosenkreuzer« vereinigt im Jahre 1777 seine Logen oder »Zirkel« unter dem Namen »Gold und Rosenkreuzer-Orden vom Alten System«, welcher neun Hochgrade kennt, deren Symbolik stark von der Alchemie geprägt sind. Mit der Thronbesteigung Friedrich Wilhelm II. (1786), der diesem Orden angehört, verstummt der Orden für immer, ohne jedoch verboten worden zu sein. Seine Herausgebertätigkeiten prägen die Esoterik am Ende dieses Jahrhunderts, wobei als Beispiel die *Geheime Figuren der Rosenkreuzer*, 1785/1788 erwähnt werden sollen, eine Sammlung sehr schöner Texte und Stiche.

Der Benediktinerpater Antoine Joseph Pernety hat den Gold- und Rosenkreuzer-Orden vermutlich in Berlin kennengelernt, wo er in den Jahren 1767/1782 als Konservator der königlichen Bibliothek von Friedrich II. tätig war. Die kleine Illuminatensekte, die er damals leitet, übt sich in Orakelpraktiken zur Befragung des »Heiligen Wortes« (»la Sainte Parole«), eine Art Hypostase der Höchsten Intelligenz. Im Jahre 1783 verläßt Pernety Berlin in Richtung Avignon, wo er sich ganz in der Nähe auf einem Berg namens »Thabor« mit seiner initiatischen Gesellschaft niederläßt. Der polnische Starost Thaddeus Grabianka, der bereits seit den Berliner Jahren dieser Gruppe angehört, gründet in Avignon eine Dissidentengruppe unter dem Namen »Das Neue Israel« mit dem »Königs-Menschen« Octavio Capelli an ihrer Spitze, welcher von dem Erzengel Raphael Unterweisungen erhält. Die Unruhen der Revolution zerstreuen die Illuminaten von Avignon, die sehr viele wichtige Persönlichkeiten aus ganz Europa zu ihren Mitgliedern zählten.

Zitieren wir noch neun weitere initiatische Gesellschaften, die zu dieser ersten Kategorie gehören. Zunächst das von Karl Friedrich Eckleff um 1750 eingeführte »Schwedische System«, dann den Orden vom »Etoile Flamboyante« (der »Flammende Stern«), der auf Théodore Henri de Tshoudy (1766) zurückgeht. Das System eines Johann Wilhelm Zinnendorf (1770) inspiriert sich an dem »Schwedischen System«. Das »Klerikat« geht auf Johann August Starck um 1767 zurück. Seit 1773 arbeitet die Gesellschaft der »Philalethen«, das erste Institut freimaurerischer Forschung mit esoterischer Ausrichtung, mit dessen Name sich die Persönlichkeit eines Salvette de Lange verbindet, der in Paris 1785 und 1787 einen internationalen, obedienzunabhängigen Konvent einberuft, um alle in Esoterik und Freimaurertum möglichen Kenntnisse zusammenzubringen. C. A. H. Haugwitz gründet um 1777 den Ritus der »Brüder vom Kreuz«, während der Orden der »Eingeweihten Brüder Asiens« oder »Asiatischen Brüder« (gegründet um 1779 von Heinrich von Ecker und Eckhoffen) vor allem in Österreich und Süddeutschland Anklang findet. 1783 gründet F. A. de Chefdebien den »Primitiven Ritus« (»Rite Primitif«) der Philadelphen und Benedict Chastanier um 1783 den als »Illuminated Theosophists« bekannten Ritus nach swedenborgscher Manier, der vor allem in England und in Nordamerika Fuß faßt. Der »Alte und Angenommene Schottische Ritus« wird in Frankreich im Jahre 1801 ins Leben gerufen. Der »Orden des Orients« wird 1804 von B. R. Fabré-Palaprat gegründet und 1806 unter dem Namen »Johanniterkirche der Urchristen« (»Eglise johannite des Chrétiens primitifs«) als Neutempler-Orden neu organisiert. Mit den drei bereits genannten Systemen (Strikte Observanz, Elus Cohens und Rektifizierter Schottenritus) sind dies nun insgesamt vierzehn Systeme, die alle zur Esoterik gehören. Dies ist auch der Fall bei fünf anderen, »ägyptischen« Systemen, und zwar bei dem der von Friedrich von Köppen um 1767 gegründeten »Afrikanischen Architekten«, dem von Cagliostro 1784 geschaffenen »Ägyptischen Ritus«; zu Beginn des Kaiserreichs taucht in Italien der sogenannte Misraim-Ritus auf, der von den Brüdern Bédarride nach Frankreich importiert wird und wenig »Ägyptisches« an sich hat; ferner der 1815 gegründete sogenannte »Memphis-Ritus«, zu welchem man noch den am Ende des 18. Jahrhunderts geschaffenen, sich auf Hermes Trismegistos berufenden Ritus der »Magier von Memphis« hinzuzählen muß. Aber mit diesen neunzehn Riten ist die Liste noch lange nicht vollständig ...

Die Initiation in der Kunst

Mit dem Illuminismus hat die Literatur eine befruchtende Beziehung, die unter anderem zu der späteren, phantastisch genannten Gattung führt (wobei *Le Diable amoureux* von Jacques Cazotte, 1772, einen Wendepunkt darstellt). Das Jahrhundert ist voll von Belletristik mit okkultistischem oder wundersamem Einschlag. Zeugnis hierfür sind die Neuauflagen und Übersetzungen des *Comte de Gabalis* oder eine so umfangreiche Buchreihe wie die *Voyages imaginaires*. Diese von *Séthos* (1731, siehe weiter oben) beflügelte Reihe mit einerseits zum Teil humoristischer oder parodistischer Färbung (Mouhy, *Lamekis*, 1737; F. H. von Hippel, *Kreuz- und Querzüge*, 1793) schöpft aus initiatischen Themen. Andererseits ist sie natürlich auch seriös und fällt in den Bereich Esoterik, vor allem dann, wenn Wert gelegt wird auf die reinigende Erfahrung (auf halbem Wege findet man die *Relation du Monde de Mercure* im Band XVI der *Voyages imaginaires* und die *Confessions du comte de C[agliostro]*, 1787), was für eine ganze Reihe von Romanen und Novellen im letzten Jahrzehnt des 18. Jahrhunderts typisch ist, und dies vornehmlich in Deutschland mit Jean Paul, *Die unsichtbare Loge*, 1793; J. H. Jung-Stilling, *Heimweh*, 1794; Eckartshausen, *Kostis Reise*, 1795; Goethe, *Das Märchen*, 1795 (das wunderschöne Gedicht *Die Geheimnisse* mit Rosenkreuzeinschlag stammt aus dem Jahre 1785); Saint-Martin, *Le Crocodile*, 1799; Novalis, *Heinrich von Ofterdingen* und *Die Lehrlinge zu Sais*, 1802; E. T. A. Hoffmann, *Der goldene Topf*, 1813. Im freimaurerischem Umfeld entsteht auch die Mozartoper *Die Zauberflöte* (1791) und Zacharias Werners Drama *Die Söhne des Thals* (1802/1804), um nur zwei der bekanntesten Werke zu nennen.

Der Dichter, Graveur und Anhänger der schöpferischen Imaginatio William Blake (1757–1827; *The Marriage of Heaven and Earth*, 1793; *Visions of the Daughter of Albion*, 1793) verbrennt im Alchemistenofen seines Genius das, was Hermetismus, Swedenborg und die Philosophie von Berkeley gebracht haben, und transmutiert es in ein gewaltiges Werk à la Hermes, das zwar ganz der Esoterik zugeordnet werden kann, sich jedoch gleichzeitig jeder möglichen Einordnung entzieht. Viele andere Autoren aus dem englischsprachigen Raum wären noch zu nennen, wie etwa James Thomson, dessen *The Seasons* (1726/1730) stark von der Hermetik geprägt sind. Stärker als alle anderen Vertreter der deutschen Romantik steht Philipp Otto Runge der Theosophie, und zwar vor allem der böhmeschen nahe (wie etwa auf seinem Gemälde »Der kleine Morgen«, 1808). Und in Italien verdanken wir dem Prinzen Raimondo di Sangro di San Severo (1710–1777), dessen Schüler Cagliostro war, das erstaunliche »hermetische Denkmal« der Kapelle San Severo in Neapel.

VOM ROMANTISCHEN WISSEN ZU OKKULTISTISCHEN PROGRAMMEN

Die Epoche der Naturphilosophie und der großen Synthesen

Naturphilosophen zur Zeit der Romantik (1790–1815)
Im letzten Jahrzehnt des 18. Jahrhunderts taucht ein Phänomen auf, das etwa fünfzig Jahre lang einen neuen Ansatz zur Naturbetrachtung darstellt und dann wieder verschwindet. Es handelt sich dabei um die *Naturphilosophie*, die vornehmlich zur deutschen Romantik im weitesten Sinne gehört. Bei einigen ihrer Vertreter nimmt sie eine Form an, die unmittelbar an die Esoterik anknüpft. In ihrer allgemeinsten Form ist sie, wie F. J. W. Schelling (1775–1854) es ausdrückt, eineVersuchung, das an den Tag zu bringen, was ständig vom Christentum unterdrückt wurde, nämlich die Natur. Verschiedene Faktoren haben zu diesem Werden beigetragen. Zunächst einmal das beharrliche Festhalten der Physikphilosophen an der *magia* (wie etwa Oetinger) und, allgemeiner, das der Esoterik im Laufe des 18. Jahrhunderts. Hinzu kommt der Einfluß des französischen Naturalismus (Buffon, d'Alembert), dem es nicht an Spekulationen über das Leben der Materie oder über die Weltseele fehlt; und dann die Einflußnahme eines Kant, bei dem man zu entdecken glaubt, daß das All ein Produkt der Imagination, der synthetischen, spontanen Aktivität des Geistes ist. Ein weiterer Faktor ist der erneute Erfolg des Spinozismus, der den Gedanken nahelegt, die Natur sei etwas Spirituelles und die ganze fertige Welt habe ihren Ursprung in einem Geist als Quelle der Energie.

Hinzu kommt schließlich noch das für die vorromantische Epoche so typische Klima mit einerseits einer wahren Begeisterung für alles, was mit Magnetismus, Galvanismus und Elektrizität zu tun hat (Experimente von Galvani im Jahre 1789, die Voltasche Säule von 1800), und mit andererseits kühnen, esoterisch gefärbten Synthesen großer *Kulturphilosophen* wie J. G. Herder (1741–1804, einer der Vorläufer der Bewegung).

Die drei gemeinsamen Nenner oder Hauptcharakterzüge der *Naturphilosophie* sind folgende: 1. Eine Auffassung von der Natur als Text, den es mittels Entsprechungen zu entschlüsseln gilt. Sie ist voller symbolischer Einflechtungen, und ihr Sinn befindet sich außerhalb von ihr selbst, so daß also die strenge Naturwissenschaft nur ein notwendiger Ausgangspunkt zur umfassenden Erfassung der unsichtbaren Prozesse, d. h. einer *natura naturans*, ist. 2. Die Vorliebe für das lebendige Konkrete und das vielschichtige Universum. Die *Naturphilosophen* sind alle mehr oder weniger Spezialisten (Chemiker, Physiker, Geologen, Ingenieure, Ärzte), deren Denken sich jedoch zu eklektischen Synthesen emporschwingt und sich bemüht, eine polymorphe Welt mit ihren unterschiedlichen Realitätsgraden in ihrer Komplexität zu erfassen. Die Einteilung der Natur in fest umgrenzte Felder, die für ein mechanistisches Weltbild so typisch ist, wird hier durch den Versuch ersetzt, ein von dynamischen Polaritäten beseeltes Ganzes zu erfassen. 3. Die Identität des Geistes und der Natur, die als die beiden Keime einer gemeinsamen Wurzel (Materie und Natur basieren auf einem geistigen Prinzip, und ein Geist bewohnt sie) angesehen werden. Damit gehen auch gleichzeitig das Wissen von der Natur und die Selbsterkenntnis Hand in Hand. Eine wissenschaftliche Tatsache wird als ein Zeichen gewertet, die Zeichen entsprechen sich, die aus der Chemie entliehenden Konzepte werden auf die Astronomie oder auf die menschlichen Gefühle übertragen –

und man versteht, warum der tierische Magnetismus plötzlich auf ein so leidenschaftliches Interesse stößt. Natürlich kann man nicht alle *Naturphilosophen* als Esoteriker bezeichnen. Das Epitheton läßt sich nur sehr begrenzt anwenden auf Schelling (*Weltseele*, 1798), obwohl dies der berühmteste Vertreter dieser Strömung ist. Man kann dann von Esoterik sprechen, wenn die *Naturphilosophie* sich einen Gründungsmythos – es handelt sich dabei fast immer um den des »geretteten Retters« – zu eigen macht und ihn nach theosophischer Manier abhandelt: die Geschichte eines gefangenen Lichtes, welches ein anderes, freies Licht sozusagen erwecken kommt. Der Knoten dieser theosophisch-romantischen Erzählung besteht in einem Gegensatz zwischen »Licht« und »Schwere«, wobei letztere als ein Element angesehen wird, in welches die primitiven Energien sich geflüchtet haben. Die Verbindung zur Alchemie ist ganz deutlich. So stellt die *Naturphilosophie* auch von Anfang an den Versuch dar, die traditionellen Grundideen der Pansophie (siehe weiter oben) mit dem Geist der kantschen Philosophie zu verschmelzen.

Der Münchener Theosoph Franz von Baader (1765–1841) überragt mit seiner hohen Gestalt die romantische Esoterik und vermutlich das gesamte 19. Jahrhundert. Wenn er auch zu denjenigen gehört, die zum Erscheinen der Naturphilosophie in Deutschland (*Beiträge zur Elementarphysiologie*, 1797; *Ueber das pythagoräische Quadrat in der Natur*, 1798) wesentlich beigetragen haben, so ist dies doch nur ein Aspekt seines Schaffens. Allerdings ein wichtiger Aspekt, denn Baader, der ebenso vom schellingschen »Naturalismus« entfernt ist wie vom Hegelschen »Idealismus«, bemüht sich stets um eine an fruchtbaren philosophischen Spannungen reiche Mittelstellung zwischen diesen beiden Tendenzen. Baader, den man auch den »Böhmius redivivus« nennt, gehört zu den großen Hermeneuten der Werke Böhmes, aber sein äußerst spekulativer

Diskurs ist frei von dem gewaltigen prophetischen Hauch, der für die barocken Theosophen so bezeichnend ist und wovon noch einige Spuren bei Saint-Martin sichtbar sind. Auch die Werke dieses Autors versieht er mit langen Kommentaren, bereichert dabei sein eigenes Denken, nicht jedoch, ohne einen gewissen Abstand zu nehmen, denn die Bedeutung, die Baader der Natur und der Alchemie einräumt, ist ein wichtiger Trennungsfaktor. Themen wie Androgynie, Sophia, die Sündenfälle, Magnetismus, Liebe werden bei ihm sowohl auf originelle als auch auf traditionelle Art und Weise abgehandelt und stellen eine »summa« der wesentlichsten Aspekte christlicher Esoterik dar (wie z.B. in *Fermenta cognitionis*, 1822/1825). Baader ist nicht nur ein Schreibtischdenker; als Mineraloge ist er, zusammen mit Frau von Krüdener, einer der Inspiratoren des ursprünglichen Projekts der Heiligen Allianz, und dies zu einem Zeitpunkt, wo Alexander I. sich für Mystik und Esoterik interessiert und seine Stimme im liberalen Katholizismus in Europa Widerhall findet.

Von den übrigen wichtigen Vertretern dieser Strömung seien nur die erwähnt, die am ehesten mit Esoterik zu tun haben. Dies sind zunächst Carl von Eschenmayer (1770–1852), Friedrich von Hardenberg (*alias* Novalis, 1772–1801) und Johann Wilhelm Ritter (1776–1810). Ferner G. H. von Schubert (*Ahndungen einer allgemeinen Geschichte des Lebens*, 1806: *Symbolik des Traums*, 1814), I. P. V. Troxler (*Blick in das Wesen des Menschen*, 1812), Carl Gustav Carus (Psyche, 1848). In seinen wissenschaftlichen Arbeiten über die Metamorphose der Pflanzen (1790) und die Farben (*Zur Farblehre*, 1810) zeigt sich Goethe mehr oder weniger dieser Strömung verbunden. Der Hauptbeitrag der *Naturphilosophie* zur Naturwissenschaft des 19. Jahrhunderts besteht in der Entdeckung des Unbewußten (vor allem bei Schubert und Carus), und in diesem Romantismus ankern bereits die Wurzeln der Psychoanalyse; im gleichen Kontext entsteht auch die moderne Homöopathie eines Samuel Hahnemann (1755–1843).

Esoterik außerhalb der Naturphilosophie (1815–1847)
In Deutschland erscheinen Übersetzungen von Büchern von Saint-Martin (eine davon stammt aus der Feder von G. H. Schubert) und finden in den entsprechenden Kreisen großen Anklang. Der vom Einfluß des tierischen Magnetismus geprägte Frankfurter Theosoph Johann Friedrich von Meyer (1772–1849), der als erster den Sefer Jezira ins Deutsche übersetzt und dessen Werk diskret und vielgestaltig erscheint, widmet sich fast allem, was mit okkulten Wissenschaften zu tun hat (seine Zeitschrift *Blätter für höhere Wahrheit*, 1818/1832, ist eines der interessantesten Dokumente dieser Zeit), und der Dichter Justinus Kerner (1786–1862) verschafft sich mit *Die Seherin von Prevorst* (1830) ewigen Ruhm in der Geschichte der Metapsychik. In Deutschland erscheinen noch drei Werke, die eine Art Rekapitulation und Synthese der Geschichte der »Magie« sein wollen: *Zauberbibliothek* (1821/1826) von Georg Konrad Horst, *Christliche Mystik* (1836/1842) von Joseph Görres sowie *Geschichte der Magie* (1822) von Joseph Ennemoser. In Frankreich setzt Fabre d'Olivet sein heidnisch ausgelegtes Werk fort mit *L'Histoire philosophique du genre humain* (1822/1824), einer bei den Okkultisten des ausklingenden Jahrhunderts hoch geschätzten, grandiosen Schilderung. Nach dem Erscheinen von *La Clef de l'infini* (1814) von Höné Wronski mangelt es nicht an Leuten auf der Suche nach universellen Schlüsseln, wie etwa Giovanni Malfatti di Montereggio (*Anarchie und Hierarchie des Wissens*, 1845). Als ein Rechter, der gleichzeitig sozialistischen Utopien nahesteht, gilt Pierre-Simon Ballanche (1776–1847), eine etwas isolierte Persönlichkeit, die fast ein großer Theosoph geworden wäre. Eine überragende Figur des christlichen Hermetismus unter den andern Franzosen

ist der Pfarrer Paul-François-Gaspard Lacuria (1808–1890), Autor der *Harmonies de l'Etre exprimées par les nombres* (1847), der in der Theosophie den Schlüssel zur Musik und zur Arithmologie findet. Hortensius Flamel (*Le Livre d'or* und *Le Livre rouge*, 1842), vermutlich ein Pseudonym von E. Lévi, glückt die Verbindung von Fourierismus und Esoterik. Die swedenborgsche Theosophie hat ihre Vertrter in Jean-Jacques Bernard, Autor der *Opuscules théosophiques* (1822), einer Art Verschmelzung von Martinismus und Swedenborgismus, sowie in Edouard Richer und vor allem in J. F. E. Le Boys des Guays (1794–1864), welche sich aktiv für die Lehre des schwedischen Meisters einsetzen. Der in den vierziger Jahren aus Polen kommende esoterische Messianismus mit Adam Mikkiewcz und André Towianki hat einen nicht geringen Einfluß auf Eliphas Lévi; gleiches gilt auch für Höné Wronski, einen anderen Polen (*Messianisme*, 1847). Schließlich sei noch festgestellt, daß in dieser Epoche, die bis zum Jahre 1847 reicht, die alchemistische Produktion moribund erscheint, und dies trotz des *Hermès dévoilé* (1832) von Cyliani und des *Cours de philosophie hermétique* (1843) von Cambriel.

Esoterik in der Kunst (1815–1847)

Ganz natürlich hatte sich eine Komplizenschaft zwischen dem barocken Imaginären und der esoterischen Geisteshaltung entwickelt. Gleiches gilt auch für letztere und die Romantik, wenn auch die Beziehung selbst in den deutschsprachigen Ländern deutlicher ist als in andern. Eine Vorliebe für die Synthese und das schmerzliche Gefühl der Begrenzungen der menschlichen Stellung innerhalb des Universums sind zwei Hauptcharakterzüge der europäischen Romantik und der Gnosis. Ein anderes quälendes Thema, das diese Romantik und den Diskurs der Theosophen durchzieht, ist der Mythos vom Sündenfall und der

Reintegration. In Frankreich trägt Charles Nodier mit seinen Märchenspielen, welche kunterbunt die verschiedensten Motive vereinen, dazu bei, beim Publikum das Interesse für eine Art Illuminismus wachzuhalten. Etwas weniger dilettantisch sucht Balzac Inspiration bei Saint-Martin und Swedenborg (*Louis Lambert*, 1832; *Séraphita* und *Le Livre mystique*, 1835). Esoterik in ihrer initiatischsten Form haftet dem Roman *Consuelo* (1845) von George Sand an. Didaktisch und explizit ist sie in anderen Romanen wie, um nur einige der bekanntesten zu nennen, in *Le Magicien* (1863) von Alphonse Esquiros oder in dem stark rosenkreuzerischen *Zanoni* (1842) von Sir Edward Bulwer-Lytton. In den zwanziger Jahren bildet sie auch einen nicht unbedeutenden Teil der kritischen Werke Friedrich Schlegels. Ein Jahr vor seinem Tod (1831) schreibt Goethe sein Essay *Ueber die Spiraltendenz* und beendet seinen *Faust*. Die *Carnets*, die Joseph Joubert (1754–1824) unermüdlich von 1786 bis zu seinem Tode führt, sind bisweilen tiefgehend von theosphischem Denken geprägt. Die posthum veröffentlichten Schriften (1840/1841) des Malers Philipp Otto Runge sind ein Zeugnis für dessen esoterische Denkweise und gehören zu den profundesten Überlegungen zur Kunst, die es je gegeben hat. Natürlich kennt der Magnetismus eine Vielzahl an literarischen Adaptationen, die allerdings eher dem Bereich des Phantastischen zuzuorden sind als der Esoterik (E. T. A. Hoffmann, *Der Magnetiseur*, 1817; Edgar Poe, *Mesmeric Revelation*, 1844).

Universelle Tradition und Okkultismus

Vom romantischen Orient zum Indien der Theosophischen Gesellschaft

Gegen Ende des 18. Jahrhunderts dringen Bilder Indiens in das abendländische imaginäre Weltbild. Aber vor allem die Romantik hat den Orient entdeckt, wie etwa die Schriften von Joseph Görres über die asiatischen Mythen (*Mythengeschichte der asiatischen Welt*, 1810) oder die von Friedrich Schlegel über Indien (*Ueber die Sprache und Weisheit der Inder*, 1808) bezeugen. Es handelt sich hier nicht um Esoterik, obwohl diese Werke, wie das allgemeine Interesse für Mythen, Legenden und Märchen Europas überhaupt, die romantische Suche nach dem Einen widerspiegeln, eine Suche, die die Idee einer *philosophia perennis* wieder aufnimmt, und zwar diesmal in einer auf alle Traditionen der Welt ausgeweiteten Form und nicht mehr beschränkt auf die Welt des Mittelmeerraumes. Das Wort »Tradition« taucht in dem deutschen Titel eines epochemachenden Buches von F. J. Molitor über die Kabbala auf (*Philosophie der Geschichte oder über die Tradition*, 1827), gefolgt von *La Kabbale* von Adolphe Frank (1843). In einem anderen gelehrten Werk (Jacques Matter, *Histoire du gnosticisme*, 1828) erscheint zum ersten nachgewiesenen Mal (dank Jean-Pierre Laurant im Jahre 1990) das Substantiv »Esoterik«. Hinzu kommen dann noch zwei fast unvermeidliche Themen, nämlich das der großen Pyramide (John Taylor, *The Great Pyramid*, 1858) und das des Druidismus als Ur-Religion der Menschheit. Auf die Spekulationen über die Pyramide folgt ein Wiederaufkommen der hermetistischen Strömung mit Louis Ménard, der 1866 einen *Hermès Trismégiste* vorlegt, nämlich die französische Übersetzung der wichtigsten Texte des *Corpus Hermeticum* nebst einer sehr bemerkenswerten Einführung. Dieses Buch gibt den Anstoß zu wieder neuen Übersetzungen und Glossen, wobei es sich bei den Autoren in der Regel um Mitglieder der Theosophischen Gesellschaft oder der Rosenkreuzerorden handelt: eine hermetistische Literatur, die natürlich im Sinne der »traditionistischen« Welle ist, welche sie unterstützt oder aus der sie sogar hervorgeht. Die im Jahre 1875 gegründete Theosophische Gesellschaft unterstreicht diese Idee von einer universellen Tradition, die man dann mit Vorliebe als »ursprünglich« (»primordiale«) bezeichnet, um sie besser als Mutter aller anderer Traditionen hinstellen zu können. Die Gründerin der Theosophischen Gesellschaft (siehe weiter unten) leistet einen erheblichen Beitrag hierzu dank ihrer eigenen, sehr erfolgreichen Werke (*Isis Unveiled*, 1877; *The Secret Doctrine*, 1888). Gegen Ende des Jahrhunderts finden die immer zahlreicheren Anhänger dieser Idee eine Unterstützung im Auftauchen einer Vergleichenden Religionswissenschaft und in der Einberufung eines großen »Parlaments der Religionen« nach Chicago (1893). Diese Idee nimmt im Jahre 1889 mit *Les Grands Initiés* von Edouard Schuré die literarische Form eines oft übersetzten und aufgelegten Bestsellers an. Man findet hier fünf der alten »Weisen« der *philosophia perennis* aus der Renaissancezeit, allerdings sind diese hier von anderen, etwas exotischeren Namen umgeben (seine Liste umfaßt Namen wie Rama, Krishna, Hermes, Moses, Orpheus, Pythagoras, Platon und Jesus).

Das Auftauchen des Spiritismus und des Okkultismus (1840–1860)
Während der ersten Hälfte des Jahrhunderts erfährt der tierische Magnetismus einen gewaltigen Erfolg, der in verschiedenen Strömungen seine Fortsetzung findet. Bereits seit dem Ende des 18. Jarhunderts besteht eine der originellsten Formen von Magnetismus in der Befragung von Personen, die man zuvor in einen magnetischen Schlaf versetzt hat, und zwar über Dinge aus der Welt der Überna-

türlichen. Diese Personen sind meistens weibliche Medien. J. B. Willermoz und der Chevalier de Barberin nennen sie »crisiaques«, und später übt J. Kerner (siehe weiter oben). ähnliche Praktiken aus. Im Jahre 1848, ein Jahr nach der Veröffentlichung von *The Principles of Revelation* (1847, ein Klassiker der mesmerschen Literatur) von Andrew Jackson Davis in den USA, taucht der Spiritismus auf. Die Schwestern Fox aus Hydesville (ebenfalls in den USA) befragen die Geister mittels eines Mediums. Allerdings handelt es sich nun nicht mehr um engelhafte Vermittlerentitäten, sondern vielmehr um die Geister der Verstorbenen, die jetzt mechanisch mittels eines Tisches oder eines runden Tischchens nach einem zuvor festgelegten Code antworten. Damit ist der Spiritismus geboren, der schnell auf Europa übergreifen und Millionen von Anhängern zählen wird. Sein erster Theoretiker von Bedeutung ist H. L. Rivail (*alias* Allan Kardec – *Le Monde des esprits*, 1857) der daraus eine mit Sentimentalismus und Rationalismus gefärbte Religion macht. Diese Bewegung, die zur gleichen Zeit auftaucht wie die »klassische« phantastische Literatur im angelsächsischen Stil und wie der Marxismus, gehört nicht in die Geschichte der Esoterik im eigentlichen Sinne, aber sie steht aufgrund der Auswirkungen, die sie überall hervorruft, und der Probleme, die sie auslöst, unmittelbar mit der Esoterik in Verbindung. Die Vorstellung der Reinkarnation, die man seltener im angelsächsischen Raum antrifft, paßt gut zur egalitären Strömung und zum Utopismus dieser Zeit.

Zweideutige Verbindungen knüpfen sich zwischen der Esoterik und den seltsamsten sozialistischen Utopien. Bereits spürbar bei Alphonse Esquiros (*De la vie future du point de vue socialiste*, 1850) oder im Druidismus eines Jean Reynaud (*Terre et Ciel*, 1854), werden sie besonders deutlich bei Charles Fourier (1772–1837; *La Théorie des quatre mouvements* erschien bereits 1807, wenn auch der wahre

Erfolg erst später einsetzt). Nicht der Inhalt seines Diskurses, sondern seine Form verrät eine Nähe zu den visionären Theorien Swedenborgs, als deren bewundernswerte und unfreiwillige Parodie sie einem vorkommt. Insbesondere nach 1848 färbt sich der Swedenborgismus selbst mit einem humanitären Prophetentum. Namen wie Hortensius Flamel (siehe weiter oben) und Eliphas Lévi bilden die Verbindung zwischen dem illuminierten Sozialismus und einer von Louis Lucas (*Une révolution dans la musique*, 1849), J.-M. Ragon de Bretignies (*Orthodoxie maçonnique* und *Maçonnerie oculte*, 1853) und Henri Delaage (*Le Monde occulte*, 1851) vertretenen Esoterik. Die gleichen Jahre sind ebenfalls geprägt von den bedeutenden Essays über die Alchemie von Mary Ann Atwood (*A Suggestive Enquiry into the Hermetic Mystery*, 1850) und Ethan A. Hitchock (*Alchemy and the Alchemists*, 1857), von dem schönen Buch von Frédéric Portal über *Les Couleurs symboliques* (1857), von *Zend-Avesta* (1851) von G. T. Fechner sowie von der ersten großen Anthologie theosophischer Texte, die ein Schüler von Baader, Julius Hamberger, zusammengestellt hat (*Stimmen aus dem Heiligthum der christlichen Theosophie*, 1851). Die von J. Scheible in Stuttgart von 1849 bis 1860 herausgegebene Reihe *Das Kloster* enthält eine deutsche Fassung des *Corpus Hermeticum* (die von 1706), die Werke von Cornelius Agrippa sowie zahlreiche Traktate über Magie. In der gleichen Zeit bürgert sich in der freimaurerischen Literatur die Benutzung des Begriffes »Esoterik« ein (wie z.B. bei E.-U. Marconis de Nègre, *Le sanctuaire de Memphis ou Hermès*, 1849).

Mit Alphonse-Louis Constant (*alias* Eliphas Lévi, 1810–1875) taucht eine Bewegung auf, die man als die eigentliche okkultistische Strömung bezeichnet. In seiner Jugend interessiert sich Lévi vornehmlich für utopistische und humanitäre Ideen, was ihm eine Verurteilung als Revolutionär einbringt. Im Jahre 1852 begegnet er Wronski und beschwört zusammen mit Bulwer-Lytton 1854 den Geist von Apollonios von Tyana. Danach wird er zum bedeutendsten Vertreter der Esoterik in Europa und in den USA. Wenig geschickt in seinen Kompilationen, aber sehr angesehen wegen seines synthetischen Gesamtüberblicks versteht dieser Magus zu überzeugen – und kommt außerdem genau im richtigen Moment (*Dogme et rituel de Haute Magie*, 1854–1856; *Histoire de la magie*, 1860; *La Clef des Grands Mystères*, 1861). Das Jahr 1860 stellt ein wichtiges Datum dar, erscheint doch gleichzeitig mit der *Histoire de la magie* auch die *Histoire du merveilleux* von Louis Figuier und *La Magie et l'astrologie* von Alfred Maury.

Der Aufschwung des Okkultismus in einer Zeit der Wissenschaftsgläubigkeit und die Fortdauer der Theosophie (1860–1914)
Einer der Aspekte, den die *philosophia occulta* im Laufe ihrer Geschichte angenommen hat, ist der der okkultistischen Strömung. Es handelt sich dabei eher um eine Gegenströmung, da sie sich gegenüber der triumphierenden Wissenschaftsgläubigkeit als eine Alternative darstellt. Im allgemeinen verdammen die Okkultisten weder wissenschaftlichen Fortschritt noch Modernität und versuchen vielmehr, diese in eine allumfassende Vision zu integrieren, um so die Leere des Materialismus deutlich werden zu lassen. Wir sehen darin so etwas wie einen Widerhall auf das Programm der Pansophie und der *Naturphilosophie*, nur unterscheidet sich die neue Orientierung von diesen durch eine ausgeprägte Neigung für feststellbare Phänome und experimentelle Beweisführungen sowie durch einen Hang zum Pittoresken und Phantastischen, welche um ihrer selbst willen geflegt werden. Scheint doch die Welt unwiderruflich entzaubert zu sein! Allerdings handelt es sich nicht um eine homogene Bewegung, sondern lediglich um eine Fortsetzung der okkulten Wissenschaften von vor

1860, die nunmehr mit dem materialistischen Positivismus konfrontiert werden und mit der literarischen Strömung des Symbolismus eine innere Verwandschaft aufweisen. Einige starke Persönlichkeiten überragen eine ziemlich bunt zusammengewürfelte Masse. In Frankreich bezeichnet sich Dr. Gérard Encausse (*alias* Papus, 1865–1915), wegen seines sehr umfangreichen Werkes auch der »Balzac des Okkultismus« genannt, selbst ganz schlicht als Arzt, Forscher und Experimentator. Sein *Traité de science occulte* stammt, wie die erste Nummer seiner Zeitschrift *L'Initiation*, aus dem Jahre 1888 (einem bedeutenden Jahr, in dem in London die »Society for Psychical Research« und mehrere andere wichtige initiatische Gesellschaften gegründet wurden, siehe weiter unten). In Begleitung seines Freundes L.-N.-A. Philippe (»Maître Philippe« genannt, 1849–1905) aus Lyon reist Papus mehrmals nach Sankt Petersburg, um Nikolaus II. in den Martinismus zu initieren. Seinen spirituellen Meister nennt Papus den Okkultisten Alexandre Saint-Yves d'Alveydre (1842–1909), der um 1900 einen magischen »Archäometer« oder Schlüssel der universellen Entsprechungen erfindet und sich als als Autor bedeutender Studien über musikalische Esoterik auszeichnet. Zitieren wir ferner noch Stanislas de Guaita (1861–1897) und Sâr Joséphin Péladan (1858–1918), welche einen eher literarischen Okkultismus vertreten, während Albert de Rochas (1837–1914), Charles Henry (1859–1926) und Albert Faucheux (*alias* François-Charles Barlet, 1838–1921) mehr in Richtung auf philosophische oder wissenschaftliche Spekulation orientiert sind.

Im Prag der Jahrhundertwende sind mehrere okkultische Zirkel recht aktiv. In den Niederlanden wird der Okkultismus gut vertreten von Frédéric Van Eden (*Het Hypnotisme en de Wonderen*, 1887), in Deutschland von Carl du Prel (*Studien aus dem Gebiete der Geheimwissenschaften*, 1894/95) und vor allem von Franz Hartmann (1838–

1912). Die meisten dieser Namen tauchen wieder in der
Geschichte der zeitgenössischen initiatischen Gesellschaften auf (siehe weiter unten), und dies vor allem in den angelsächsischen Ländern, wo Vereins- und Verlegertätigkeit
typisch für die markantesten Okkultisten ist. Drei Namen
sind dabei vor allem wichtig: G. R. S. Mead (1853–1933),
Herausgeber des *Corpus Hermeticum* 1906), William W.
Westcott (1848–1925) und Sir Arthur Edward Waite
(1857–1942). In Rußland hat Piotr D. Ouspensky (1878–
1947) bereits fast sein gesamtes Werk verfaßt (*Tertium Organum*, 1911 in russischer Ausgabe erschienen und 1920 in
englischer Fassung; *A New Model of the Universe*, eine
Reihe von Essays, die getrennt auf russisch 1914 erscheinen und als Sammlung 1931 auf englisch). Man findet darin
Abhandlungen über den Okkultismus, eine sehr interessante Naturphilosophie, Betrachtungen über Tarot, Träume usw. Hinzu kommt, daß die Astrologie in den Jahren
1880–1914 einen neuen Aufschwung erlebt, was sich bestä-
tigt findet in dem stets größeren Platz, den sie in der
okkultistischen Literatur einnimmt, in dem Erscheinen
zahlreicher einschlägiger Werke und in dem Schaffen bedeutender esoterischer Astrologen wie etwa William F. Allan (*alias* Alan Leo, 1860–1917).

Nicht immer ist die Abgrenzung zwischen Okkultisten
und Theosophen leicht, denn die größten unter den Okkultisten (wie etwa Barlet) sind ebenfalls Theosophen, und
Theosophen (wie Rudolf Steiner), die der okkulte Bewegung nicht passiv gegenüber stehen können, integrieren
diese auf ihre Art und Weise. Das ist vermutlich nicht der
Fall bei Vladimir Soloviev (1853–1900), einem Naturphilosophen und Sophiologen (*Conférences sur la théantropie*,
1877/1881; *La Beauté de la Nature*, 1889; *Le Sens de l'A-
mour*, 1892/1894). Ist dieser russische Theosoph weit vom
Okkultismus entfernt, so gilt dies weniger für den Öster-
reicher Rudolf Steiner (1861–1925), einen Naturphiloso-

phen und vielseitigen Theosophen. Seit seiner Studienzeit in Wien interessiert er sich für die Naturwissenschaft im Umfeld Goethes, dessen wissenschaftliche Werke er herausgibt (1883–1897) – und seitdem macht er sich unaufhörlich Gedanken über den esoterischen Sinn der Lehren des Genies aus Weimar (*Goethe als Theosoph*, 1904; die Essays über *Faust* und über das *Märchen* stammen aus dem Jahre 1918). Steiners umfangreiches Werk umfaßt Dramen, unzählige Konferenzen, Essays, Traktate (*Theosophie*, 1904; *Die Geheimwissenschaften im Umriß*, 1910). Nach dem für sein Denken so typischen christo-zentrischen Evolutionismus geht es darum, in vollem Umfange die Erfahrungen der Geschichte okzidentaler Spiritualität im Hinblick auf ihre Transmutation zu akzeptieren, und nicht darum, es auf eine Urtradition ankommen zu lassen und passiv deren Manifestationen in Form eines neuen göttlichen Avatars abzuwarten (in diesem Sinne handelt Steiner auch, als er seine Verbindung mit der Theosophischen Gesellschaft im Jahre 1913 abbricht, als diese den jungen Krishnamurti als den auf die Erde zurückgekehrten Christus darstellt). Die vorwärtsschreitende Menschheit muß sich stets darum bemühen, ihr Gleichgewicht zwischen zwei Polen zu finden, nämlich einerseits den kosmischen Kräften der Expansion (Ausdehnung des Wesens, Trachten nach oben, aber auch Egozentrismus) und andererseits den Kräften der Konzentration (Verhärtung, Materialisation). »Karma« und Reinkarnation spielen dabei die Rolle von Befreiungselementen. Um seine Lehre deutlich von den Lehren der Theosophischen Gesellschaft abzuheben, nennt Steiner sein System »Anthroposophie« und benennt danach auch die Gesellschaft, die er 1913 ins Leben ruft (die »Anthroposophische Gesellschaft«).

Esoterik in den initiatischen Gesellschaften und in der Kunst (1848–1914)

Freimaurerische und winkelmaurerische Gesellschaften

Wie wir bereits gesehen haben, kommen esoterische Tendenzen innerhalb der Freimaurerei vor allem in den Hochgraden zum Ausdruck. Allerdings verschwinden die meisten dieser freimaurerischen Systeme nach der Französischen Revolution. Trotzdem kann der »Rektifizierte Schottenritus« sich in der Schweiz halten, und auch der »Alte und Angenommene Schottische Ritus« bleibt bestehen; gleiches gilt auch von einem Teil der »ägyptischen« Maurerei, und dies vor allem dank der Riten von Memphis und von Misraim. Aber nach dieser langen Latenz- und Schlafperiode erlebt man am Ende des 19. Jahrhunderts das gleiche Phänomen wie bereits ein Jahrhundert zuvor, nämlich das Entstehen und Ausbreiten neuer Gesellschaften dieser Art.

Im Jahre 1868 gründet Pascal Beverly Randolph (1825–1875) die älteste Rosenkreuzergruppe Nordamerikas, die »Fraternitas Rosae Crucis«. Wenig später, im Jahre 1876, findet der Swedenborgritus der »Illuminated Theosophists« (siehe weiter oben) wieder seinen Rückweg von Amerika nach Europa, wo er die Grundlage für zahlreiche Logengründungen ist. In der regulären Freimaurerei wurzelnd und mit deutlich christlichem Einschlag zählt die »Societas Rosicruciana in Anglia« neun Hochgrade, die denen der Gold- und Rosenkreuzer des 18. Jahrhunderts nachempfunden sind. Sie entsteht 1867 in London auf Initiative von zwei gelehrten Esoterikern und Okkultisten, Robert W. Little (1840–1918) und Kenneth R. H. Mackenzie (1833–1886). Bulwer-Lytton und Eliphas Lévi sind Ehrenmitglieder, und Westcott ist von 1891 bis 1925 ihr Supremus Magus.

Im Jahre 1888 entsteht in Frankreich die »Rose-Croix kabbalistique«, die auf Guaita und Péladan zurückgeht und in ihrer Geschichte viele Aufspaltungen und Zerreiß-proben erfahren wird; ferner im Jahre 1891 ein gemischter »Martinistenorden«, eine Schöpfung von Papus, der damit an den Namen von Saint-Martin anknüpfen möchte. Wir haben bereits erwähnt, daß Nikolaus II., der sich wie die letzten Romanows für alles Okkulte interessiert, Mitglied dieses Ordens war. 1888 tauchen daneben in Deutschland der »Esoterische Orden vom Rosenkreuz« von Franz Hartmann und in England der Orden vom »Golden Dawn« auf (letzterer gehört zur Adoptionsmaurerei, was bedeutet, daß auch Frauen Zugang haben). Der von W. W. Westcott, W. R. Woodman und S. L. MacGregor-Mathers gegründete Golden Dawn inspiriert sich sowohl von der Kabbala als auch vom Tarot und räumt der zeremoniellen Magie einen breiten Platz ein (was bei der Societas Rosi-cruciana in Anglia nicht der Fall ist). MacGregor-Mathers Übersetzung der *Sacrée Magie d'Abra-Melin le Mage* (es handelt sich um ein theurgisches Ritual aus dem 17. Jahr-hundert) ist damals ziemlich verbreitet unter den Mitglie-dern des Golden Dawn. Sie interessiert u.a. einen Mann wie Aleister Crowley (1875–1947), der seit 1898 Mitglied im Golden Dawn ist und zweieinhalb Jahre in diesem Or-den verweilt. Der Schriftsteller Butler Yeats (1865–1939) erfährt im Jahre 1888 seine Einweihung in diesen Orden und leitet ihn ein paar Monate lang. Auch A. E. Waite ist seit 1891 Mitglied. Die 1903 gegründete »Stella Matutina« ist ein Zweig des Golden Dawn. Im Jahre 1901 ruft der Wiener Okkultist Carl Kellner (1850–1905) einen »Ordo Templi Orientis« ins Leben, eine Forschungsloge im Be-reich der Geheimwissenschaften, deren Geschick noch von zwei anderen Okkultisten, nämlich Theodor Reuss (1855–1923) und Aleister Crowley, geleitet wird. Crowley organisiert die Rituale und verleiht der Loge einen sowohl sexuellen als auch antichristlichen Aspekt. Er selbst gründet parallel dazu 1910 ein »Astrum Argentinum«, das 1912 im Ordo Templi Orientis aufgeht. Um 1905 wird Rudolf Steiner Mitglied des Ordo Templi Orientis und leitet sogar den deutschen Zweig, den er 1914 verläßt, um in Dornach bei Basel seine eigene »Anthroposophische Gesellschaft« zu gründen, die nichts Freimaurerisches an sich hat (siehe weiter oben und unten). Eine weitere bedeutende Organisation ist die »Rosicrucian Fellowship«, die 1907 von Carl Louis von Grasshof (*alias* Max Heindel, 1865–1919) mit ihrem großen Weltzentrum in Oceanside (Kalifornien) ins Leben gerufen wurde.

Daneben gibt es Zirkel, Vereinigungen und Bewegungen, die mehr oder minder unabhängig von den eigentlichen initiatischen Gruppen sind. Hierzu gehört etwa die von Max Théon um 1900 gegründete Bewegung »Mouvement cosmique«, eine Weiterführung des »Hermetic Brotherhood of Louxor«, welche im Jahre 1903 ein sehr umfangreiches Werk mit dem Titel *Tradition cosmique* herausgegeben hat, das der »ursprünglichen Tradition« gewidmet ist. Einige dieser Strömungen vereinen christliche Esoteriker, wie etwa die »Hermetic Academy« von Anna Kingsford (siehe weiter unten), aber es handelt sich vornehmlich um eine französische Erscheinung: Yvon Leloup (*alias* Paul Sédir, 1871–1926), ein Mitarbeiter von Papus, leitet die Gruppe »Les Amitiés spirituelles«; Paul Vulliaud (1875–1950) gründet im Jahre 1906 die Zeitschrift *Les Entretiens idéalistes* und die künstlerisch-literarische Bewegung gleichen Namens; der Jesuit Victor Drevon (1820–1880) und Alexis de Sarachaga (1840–1918) rufen im Jahre 1873 in Paray-le-Monial einen Studienkreis unter dem Namen »Hiéron« ins Leben.

Natürlich ist diese Liste nicht vollständig, schließt sie doch die eigentlichen Sekten nicht mit ein, die über unsern Rahmen hier hinausgehen (und dies trotz des rituellen und esoterischen Aspektes, den zumindest eine davon, die 1890 von Jules Doinel gegründete »Eglise Gnostique«, aufweist).

Die Theosophische Gesellschaft

Im Jahre 1875 gründen in New York Helena Petrowna Blavatsky (H. P. B. genannt, 1831–1891), Henry Steel Olcott (1832–1907) und William Quan Judge (1851–1896) die Theosophische Gesellschaft, die nichts Freimaurerisches an sich hat. Im Laufe ihrer Geschichte erfährt sie viele verschiedene Formen und Verzweigungen, wobei jedoch die gemeinsamen Nenner stets die gleichen bleiben: Sie kennt keine »Grade« oder Initiationsstufen, lehrt keine Doktrin (trotz des Titels *The Secret Doctrine*, 1888), und die Bücher von H. P. B. dienen als Referenz (außer dem bereits zitierten Titel ist dies vor allem *Isis Unveiled*, 1877). Bei ihrer Gründung hat die Theosophische Gesellschaft sich drei Ziele gesteckt, die auch von den von ihr abgespaltenen Gruppierungen respektiert werden: 1. den Kern einer universellen Bruderschaft zu bilden; 2. das Studium aller Religionen, der Philosophie und der Naturwissenschaften zu fördern; 3. die Naturgesetze sowie die psychischen und spirituellen Möglichkeiten des Menschen zu studieren. Von ihrer Lehre und ihrer Inspiration her ist sie stark der orientalischen Spiritualität verbunden, insbesondere dem hinduistischen Denken, und spiegelt damit das kulturelle Klima der Zeit wider, in der sie entstand. H. P. B. und ihre Gesellschaft sind immer darauf aus gewesen, die Einheit aller Religionen in ihren esoterischen Fundamenten aufzuzeigen, und allen, die danach trachteten, die Möglichkeit zu geben, Theosoph zu werden. Vornehmlich in ihren Anfängen widmet die Theosophische Gesellschaft einen großen Teil ihrer Aktivitäten den »psychischen« oder »metapsychischen« Bereichen, für welche die damalige Zeit sich so brennend interessiert.

H. P. B. bricht 1878 nach Indien auf, gründet dort 1879 die Zeitschrift *The Theosophist* und verlegt das Hauptquartier der Theosophischen Gesellschaft nach Adyar bei Madras. Bei den Einheimischen steht letztere in hohem Ansehen, haben sie doch schnell die große Toleranz erfahren können, die in dieser Bewegung herrscht. H. P. B. kehrt im Jahre 1885 nach Europa zurück. Die Geschichte der verschiedenen Verzweigungen der Theosophischen Gesellschaft nach dem Tode ihrer Mitbegründerin ist komplex, wobei die interessanteste unter diesen Gruppierungen vermutlich die »United Lodge of Theosophists« ist, die Robert Crosbie im Jahre 1909 gegründet hat. Drei Momente haben zur weltweiten Ausstrahlung dieser bedeutenden Strömung (sie existiert in den meisten Ländern des Okzidents) beigetragen: zunächst die Anwesenheit von markanten Persönlichkeiten wie Annie Besant (1847–1933), die die Gesellschaft seit 1907 leitet, Franz Hartmann, der Gründer einer deutschen Branche im Jahre 1886, Rudolf Steiner, der Generalsekretär einer deutschen Gesellschaft im Jahre 1902. Genauso wie Steiner den Ordo Templi Orientis verläßt, entfernt er sich 1913 auch von der Theosophischen Gesellschaft (siehe weiter oben), deren Vorliebe für orientalische Traditionen ihm kaum vereinbar erscheint mit dem christlichen und okzidentalischen Charakter seiner eigenen Theosophie. Vor ihm und aus den gleichen Gründen hatte sich bereits Anna Bonus Kingsford (1846–1888) – eine markante Persönlichkeit der weiblichen und christlichen Esoterik in den siebziger und achtziger Jahren – von der Gesellschaft getrennt, um eine von christlichem Denken bestimmte »Hermetic Society« ins Leben zu rufen (siehe hierzu ihr schönes Buch *The Perfect Way*, 1881). Aber durch die Gründung ihrer eigenen Organisationen tragen Leute wie Steiner – und in etwas geringerem Maße auch Anna Kingsford – zur Ausbreitung der Lehren der Muttergesellschaft bei, wenn auch in etwas modifizierter Form. Den zweiten Moment bilden die zahlreichen Verbindungen, die die verschiedenen Branchen mit den meisten andern esoterischen Gesellschaften unterhalten. Die in Paris versammelten »Congrès spirite et spiritualiste international« (1889) und »Congrès maçonnique et spiritualiste« (1908) sind ein gutes Beispiel für diese Sammelpunkte von Ideen und Tendenzen (im Grunde genommen sind die Abgrenzungen zwischen den meisten dieser Bewegungen nicht sehr scharf; die Gegensätze prallen eher innerhalb den einzelnen Gruppen selbst aufeinander, und hier schleudert man auch eher den Bannfluch). Der dritte Moment hängt natürlich mit der großen Anzahl an Künstlern zusammen, die unter dem Einfluß der Theosophischen Gesellschaft stehen.

Esoterische Kunst und Literatur
Der große französische Schriftsteller mit den meisten Esoterikelementen in seinem Schaffen ist Gérard de Nerval (*Voyage en Orient*, 1851; *Les Illuminés*, 1852; *Les Chimères*, 1854). Charles Baudelaires Sonnet *Correspondances* (um 1857) ist zu einer Art poetischer »Smaragdener Tafel« geworden, und die Texte dieses Autors über die schöpferische Imagination sind nicht weit entfernt von denen, die zu den klassischen Texten der Esoterik gehören. In *Les Contemplations* von Victor Hugo (1854) wird Literatur bisweilen zu einer visionären Theosophie (im gleichen Jahr spricht der Spiritist Hugo auf Guernesey mit dem Geist Shakespeares). Mit Villiers de L'Isle-Adam findet der Okkultismus in Frankreich seinen begabtesten Romanschriftsteller (*Isis*, 1862; *Axël*, 1888). Man findet ihn ebenfalls bei Saint-Pol-Roux (1861–1940) in *Les Reposoirs de la Procession* (1893) und bei J. Péladan, wo er die eindrucksvolle Heldensage *L'Ethipée* (1886/1907) inspiriert. Die Ausstellungen der »Salons de la Rose-Croix«, die mit dem von Péladan gegründeten Orden in Verbindung stehen, sind

bezeichnend für eine der ästhetisch fruchtbarsten Epochen der okkultistischen Strömung. Von 1893 bis 1898 kann man dort die Werke von Félicien Rops und Georges Rouault bewundern, und auch Erik Satie leistet seinen Beitrag. In Deutschland ist das Werk Richard Wagners von 1843 bis 1882, das für die Belle Epoque die Inkarnation einer zur Religion erhobenen Musik ist, ein Lieblingsobjekt für hermeneutische Überlegungen von seiten der Esoteriker, und dies gilt sowohl für die Partitur als auch für die Texte. Allerdings ist Esoterik wohl eher in der Lektüre dieser Personen zu finden als im eigentlichen Werk Wagners. Gleiches gilt ebenfalls für den Maler Arnold Böcklin (1827–1901) oder für Gustave Moreau (1828–1898). Bewußt vorhanden ist die Esoterik allerdings im architektonischen Schaffen Rudolf Steiners, der, ähnlich wie Wagner in Bayreuth, in Dornach in der Nähe von Basel ein »Gesamtkunstwerk« geschaffen hat. Der Bau dieses Goetheanum genannten Bauwerks beginnt im Jahre 1913. Die vier Schauspiele, die Steiner geschrieben hat (1910/1913, darunter *Die Pforte der Einweihung, ein Rosenkreuzermysterium*, 1910) werden hier ebenso aufgeführt wie die Theaterstücke von Edouard Schuré. Ein anderes Gesamtkunstwerk ist das Projekt des Komponisten Alexander Scriabin (1872–1915) zu einem großangelegten »Mysterienspiel«, das selbst Wagners kühnste Ambitionen weit hinter sich gelassen hätte. Zwar konnte er sein Werk nicht zu Ende bringen, aber die Esoterik ist in seinen übrigen musikalischen Schöpfungen stets wahrnehmbar. Im russischen Sprachbereich sind vor allem die Gedichte eines Andrej Belyi (*Petersburg*, 1914) zu nennen, in Schweden die Theaterstücke von August Strindberg (*Inferno*, 1897). In England und vor allem in den USA gibt es zur Zeit des Symbolismus viele, die gleichzeitig als Magier und Schriftsteller auftreten, zum Beispiel A. Crowley, P. B. Randolph, A. E. Waite, Arthur Machen und natürlich auch der große

William B. Yeats, Arthur Symonds (*Images of Good and Evil*, 1899) oder den anonymen Autor von *The Gost Land* (1898) nicht zu vergessen.

Esoterische Strömungen
im 20. Jahrhundert

Gnosen im Umfeld okzidentalischer Tradition

Erfolg der »traditionellen« Wissenschaften
Die traditionellen Wissenschaften (Astrologie, Alchemie,
Magie) finden weiterhin starken Zuspruch, und zwar in
Form von spekulativen und operativen Aktivitäten, die in
unzähligen initiatischen Vereinigungen, aber auch von
Einzelpersonen durchgeführt werden und so unmittelbar
ein breites Publikum erreichen können. Die populärste unter ihnen ist natürlich die Astrologie, die Königin unter
den mantischen Künsten. Welche Buchhandlung reserviert
ihr nicht den größten Teil ihrer Titel aus den Bereichen
»Esoterik« oder »Okkultismus«? Welche Zeitschrift hat
nicht ihre tagtägliche oder wöchentliche Rubrik mit astrologischen Ratschlägen? Trotz ihres am meisten verbreiteten Aspektes – einfachste Voraussagen, primitiver Utilita-
rismus, Computeranalyse –, entspricht sie stets dem mehr
oder minder bewußten Bedürfnis, in unserer exzentrischen
und zersplitterten Welt den *Unus mundus*, die Einheit von
Mensch und Universum dank einer auf dem Prinzip der
Ähnlichkeit basierenden Sprache der Ganzheit wiederzufinden. Wenn dieses Bedürfnis bewußt wird und wenn es
auf eine Reflexion hinausläuft – auf eine wahre Hermeneutik der »Zeichen« –, die sowohl eine Praxis als auch eine
Gnosis integriert, dann kann man von »esoterischer«
Astrologie reden. Und dieses Attribut läßt sich, nach Alan
Leo (siehe weiter oben), auf zahlreiche Astrologen des 20.
Jahrhunderts anwenden, von Karl Brandler-Pracht (1864–
1945) bis zu André Barbault über Daniel Chennevière (*ali-*

as Dane Rudhyar, 1895–1985). Dank ihrer Arbeit ist die Astrologie im Augenblick dabei, innerhalb der Humanwissenschaften einen vollwertigen Status zu bekommen. Die gleiche Dualität kann man auch bei anderen okkulten Wissenschaften beobachten. So ist der Tarot, der schon immer zum Wahrsagen benutzt und seit Eliphas Lévi zu einer spezifischen Kunst erhoben wurde, das Thema einer umfangreichen, sowohl gelehrten als auch populären Literatur und prägt so immer mehr unsere Kultur. Durch eine Hermeneutik der Situationen und der Charaktere führt der Tarot auch zu einer Gnosis und integriert bisweilen Kabbala und Astrologie (so etwa bei Aleister Crowley, *Ambrosi magi hortus rosarum*, 1928; Marc Haven, *Le Tarot*, 1937; Gérard Van Rijnberk, *Le Tarot*, 1946; Paul Marteau, *Le Tarot de Marseille*, 1949, und Valentin Tomberg, *Meditationen*, 1972).

Auch im Bereich der Alchemie unterscheidet man zwischen »Bläsern« ohne Anspruch auf Gnosis (wie die »Hyper-Chemiker«) und »Philosophen«. Letztere bilden manchmal Gruppierungen wie z. B. die hierfür so typische »Paracelsus Research Society« in Salt Lake City, die Albert Riedel *alias* Frater Albertus (1911–1984) leitete; aber es gibt noch viele andere Zirkel dieser Art, die oft neuparacelsischer Natur sind, wie etwa der von Alexander von Bernus (1880–1965) in Deutschland. Außerhalb dieser Gruppierungen bewahrt die Alchemie eher den Charakter einer Privatreligion, mit dem sie sich oft zu umgeben pflegt. Anders als in vergangenen Jahrhunderten sind die wahren »Philosophen«, die ein interessantes Schriftwerk hinterlassen haben, sehr selten, was den Erfolg derjenigen erklärt, die ein solches geschaffen haben. Dies ist der Fall bei Eugène Canseliet (1899–1982; *Alchemie*, 1964) der sein Ansehen auch dem Hauch von Geheimnis verdankt, der seinen Meister Fulcanelli umgibt. Neben anderen Veröffentlichungen hat dieser Meister ein *Mystère des Cathédrales*

(1925) und sein Schüler Canseliet ein Werk mit dem Titel *Deux logis alchimiques* (1945 und 1979) hinterlassen. In beiden widmen die Autoren ihre Aufmerksamkeit eher dem Entziffern esoterischer »Signaturen« auf den Steinen gewisser Bauwerke, statt den Stein selbst zu suchen. Andere der alchemistischen Tradition verbundene Autoren behandeln deren spirituelle oder initiatische Aspekte, jedoch ohne sich selbst als operativ hinzustellen (dies ist der Fall bei Julius Evola, *La Tradizione ermetica*, 1931). Dank leicht zugänglicher Faksimiledrucke (Texte und Bilder), die vornehmlich in den siebziger und achtziger Jahren auf den Markt kamen, dank der Arbeiten über dieses Thema von Seiten der Humanwissenschaftler und dank des philosophischen Interesses, das die Alchemie zu erwecken weiß (siehe weiter unten), hat sie eine nicht unwichtige Stellung in der okzidentalischen Kultur.

Die Magie als Praxis hat nur dann etwas mit Esoterik zu tun, wenn sie in den Rahmen einer gnostische Weltschau paßt. Diese so verstandene Konzeption ist in unserem Jahrhundert sehr verbreitet, aber vor allem dank verschiedener Gesellschaften und Gruppierungen kann man sich ein Bild von den Formen machen, die sie annimmt – denn diese sind selten sehr geheim. Aus methodischen Gründen ist die Unterscheidung (wie dies Massimo Introvigne so praktisch vorschlägt, siehe weiter unten) zwischen zeremonieller und initiatischer Magie angebracht. Die erste Form legt das Gewicht auf die Kenntnis und/oder die Kräfte sowie die Wirksamkeit der Riten, die zweite auf die Legitimität der initiatischen Filiation als Voraussetzung für eine echte Transformation des Interessierten. Beide Arten von Magie werden in den warmen Gewächshäusern esoterisch ausgerichteter Gesellschaften praktiziert. In der Regel sind diese eher diskret, aber in ihrer Gesamtheit produzieren sie eine umfangreiche Literatur; mehrere in diesem Kapitel erwähnte Titel stammen aus diesem Umfeld.

Wenn auch die Strömung der christlichen Kabbala schon seit langem versiegt ist, so inspiriert doch nach wie vor die jüdische Kabbala zahlreiche Esoteriker wegen ihrer Rolle als Schlüssel zur Gnosis; aber oft trennen diese sie von ihrem hebräischen Kontext und benutzen die Sephirot als reine Denkinstrumente. So etwa Raymond Abellio (1907–1986) in *La Bible, document chiffré* (1950) und anderen Texten. Für die nicht in der jüdischen Tradition verankerten Forscher bietet sich der griechische und lateinische Literaturkanon eher zu einer Hermeneutik an, was sich in einer nach wie vor fortgeführten esoterischen Exegese des *Corpus Hermeticum* zeigt (wie z. B. in den Ausgaben des *Shrine of Wisdom*, 1923; bei Duncan Greenless, *The Gospel of Hermes*, 1949, oder Jan Van Rijckenborgh, *De Egyptische oer-gnosis*, 1960/1965).

Das Vorhandensein christlicher Theosophie
Die Hauptvertreter einer echt christlichen Theosophie sind deutschen, russischen oder französischen Ursprungs. Rudolf Steiner fährt in seinem persönlichen Schaffen fort (*Mein Lebensgang* ist der Titel seiner im Jahre 1925 erschienenen Autobiographie; eine Studie über die *Chymische Hochzeit* von Andreae, 1917/1919). Die Austrahlung einer anderen großen Persönlichkeit der deutschen Theosophie, Leopold Ziegler (1881–1958), ist diskreter. Dieser seßhafte Weise vom Bodensee teilt mit René Guénon die Idee einer zersplitterten, zugeschütteten und vergessenen Urtradition, aber bei seiner Beobachtung der Mythen und in seinem Studium der Religionen erweist er sich eher als ein Schüler von Böhme und Baader, also als ein Theosoph, der aufmerksam die Symbolik der alchemistischen Transmutationsphasen beobachtet. Er stellt Sophia in die Mitte seiner Gnose und assoziiert sie mit einer Naturphilosophie, die von einer Geschichtsphilosophie nicht zu trennen ist – wobei die Geschichte selbst als ein sowohl biologi-

sches als auch spirituelles Ganzes angesehen wird (*Überlieferung und Menschwerdung*, 1948; *Gestaltwandel der Götter*, 1922).

Kann man bei russischen Sophiologen von Theosophie sprechen? Zwei Tempel hat die orthodoxe Kirche Sophia geweiht, die Heilige-Sophie von Konstantinopel und die von Kiew, und sie hat aus dieser Gestalt eine zentrale, wirkliche Figur gemacht, im Gegensatz zum okzidentalischen Christianismus, wo man sie praktisch nur im Bereich der Esoterik kennt. Als religiöses Thema und als Glaubensobjekt gehört Sophia nicht von Natur aus in die Esoterik, aber sie hat eine bedeutende Stellung im diskursiven theosophischen Denken inne. Pawel Florenskij (1882– 1943; *La Colonne et le fondement de la vérité*, 1914) und Sergej Bulgakow (1877–1945; *The Wisdom of God*, 1937; *Du Verbe incarné*, 1943; *Le Paraclet*, 1946) sind im allgemeinen von dieser Art von Diskurs entfernt. Unter Einfluß von W. Solowjow, aber auch von Florenskij hat Tommasio Palamidessi (1915–1983) 1948 in Turin den initiatischen Orden »Loto + Croce« gegründet, der 1968 zur »Associazione Archeosofica« wird. Näher der deutschsprachigen Theosophie als Florenskij oder Bulgakow steht der Philosoph Nicolai Berdjajew (1874–1948; *Le sens de la création*, 1930; *Esprit et réalité*, 1937; *Etudes sur Jacob Böhme*, 1930 und 1946). Als großer Bewunderer von Böhme (»ein Gipfel visionärer Kraft des Menschen«) und Baader, aber kritisch dem Okkultismus gegenüber – dessen »große Rolle« darin besteht, »bereits in Richtung auf das kosmische Geheimnis und auf den Teil davon orientiert zu sein, den der Mensch einnimmt« –, prangert er die Lehre der Theosophischen Gesellschaft und die Steiners wegen ihres Evolutionismus an und sieht in ihnen »ein ernsthaftes Symptom der Zersetzung der physischen Ebene des Wesens« (siehe hierzu *Le sens de la création*).

Ist Esoterik nur ein Aspekt im Schaffen Berdjajews, so

ist dagegen das Werk von Boris Muravev (1890–1966; *Gnô-sis, étude et commentaire sur la tradition ésotérique de l'orthodoxie orientale*, 1961/1965, auf französisch verfaßt) ihr ganz gewidmet. Diese Summa aus Psychosophie, Anthroposophie und Historiosophie, eine Folge von Kursen mit dem Ziel, den Leser zur Illumination und zur Transformation zu bringen, stammt aus der Feder eines sehr unabhängigen, aber doch von Gurdjieff beeinflußten Theosophen. Referenzen auf den abendländischen Literaturkanon fehlen fast ganz. Dieses Denken ist dafür nicht weniger tief und anregend. Das »Centre d'Etudes chrétiennes ésotériques«, das Muravev 1961 ins Leben gerufen hat, hat einigen Erfolg. Aber das schönste und lehrreichste Buch des 20. Jahrhunderts über abendländische Esoterik stammt von einem Russen baltisch-deutscher Abstammung namens Valentin Tomberg (1901–1973), der Professor für Jura war und sein Leben in London beendete. Es handelt sich um den in französischer Sprache verfaßten, anonymen Titel *Méditations sur les 22 Arcanes majeurs du Tarot*, der zunächst auf Deutsch (1972) erscheint und dann in anderen Sprachen. Es gibt gewiß keine bessere Einführung in die christliche Theosophie, in den Okkultismus und in jede Art von Überlegung zur Esoterik als dieses Meisterwerk, das nicht von einem Historiker stammt, sondern von einem inspirierten und, was sehr selten ist, geschichtstreuen Theosophen. Trotz des Titels handelt es sich hier kaum um eine Abhandlung über den Tarot; die Arkanen dienen nur als Ausgangspunkt für weitere Überlegungen.

In Frankreich untersucht ein Nachfolger von Fabre d'Olivet und von Saint-Yves d'Alveydre das Buch Moses. Er geht von den Arbeiten seiner beiden Vorgänger aus und bereichert deren Beitrag durch neue Perspektiven. Es handelt sich um Auguste-Edouard Chauvet (1885–1955), den Autor von *Esotérisme de la Genèse* (1946–1948), gewiß eines der authentischsten Werke christlicher Theosophie im 20. Jahrhundert. Sein Schüler und Kommentator Robert Amadou ist nicht nur ein Historiker ersten Ranges im Bereich okzidentalischer Esoterik (siehe weiter unten), sondern er ist auch ein Theosoph, und zwar hauptsächlich im Umfeld von Saint-Martin. Sein persönliches Denken hat sich bis jetzt vornehmlich in Essays (von *L'Occultisme, esquisse d'un monde vivant*, 1959, bis *Ocident, Orient; parcours d'une tradition*, 1987) ausgedrückt, die in Anbetracht ihrer hohen Qualität zu gering an der Zahl sind.

Das Schaffen von Henry Corbin (1903–1978) gehört nicht unmittelbar in die christliche Theosophie, aber jede ernste Überlegung über letztere findet eine Bereicherung durch eine neue und fruchtbare Perspektive im Rahmen der drei großen »Religionen des Buches« (die jüdische, die christliche und die muslimische). Als Übersetzer und Kommentator philosophischer Texte des Iran und des Islam wußte dieser Universitätsgelehrte die wissenschaftliche Präzision mit einem persönlichen Engagement (eine Theosophie, deren christliche Komponenten doketisch gefärbt sind) zu verbinden, was ihm erlaubte, die Eigenart seines Forschungsmaterials sowohl von innen als auch von außen zu erfassen. Dank Corbin werden die eigentlichen Beziehungen sichtbar, die christliche Theosophen (wie Swedenborg oder Oetinger) mit geistesverwandten Denkern des schiitischen Islam verbinden. Er hat auch als erster eine Theorie des *mundus imaginalis* (oder des »imaginal«) entwickelt. Es handelt sich hierbei um einen intermediären eigenartigen Mesokosmos, der sich zwischen der sinnlichen Welt und der der »Intelligenzen« befindet, da, wo die Geister eine Leiblichkeit annehmen und die Körper sich vergeistigen. Die Sophia und die Welt der Engel spielen also eine große Rolle in diesem reichhaltigen Werk (nennen wir nur einige Titel: *L'Imagination créatrice dans le soufisme d'Ibn' Arabî*, 1958; *Terre céleste et corps de résurrection*, 1960; *En Islam iranien*, 1971/1972).

Gnosis und Wissenschaft: eine neue Pansophie?
Die okkultistische Bewegung hatte sich als unfähig erwiesen, das Erscheinen einer neuen Naturphilosophie, die mit der der deutschen Romantik vergleichbar wäre, zu ermöglichen. Und das 20. Jahrhundert kennt auch nicht mehr Strömungen dieser Art. Natürlich kann man einen bedeutenden Aspekt in den Werken von R. Steiner, Al. von Bernus oder B. Muravev als Naturphilosophie ansehen. Aber die andern Esoteriker, die eine *Naturphilosophie* errichten wollen, bilden auch keine einheitliche Front. Außerdem leidet ihre Wirkung unter der Konkurrenz von Spekulationen ganz neuer Art, die trotz des Stils, mit dem sie sich bisweilen umgeben, nichts Esoterisches an sich haben.

Diese Spekulationen sind die Folge von aktuellen Orientierungen in der Physik, der Astrophysik und der Biologie, welche immer mehr versuchen, Modelle des Universums anzubieten und dabei nicht umhinkönnen, Hypothesen über den Sinn zu suggerieren. Das Problem der Ursprünge des Kosmos und das der Beziehungen zwischen Geist und Natur bilden so den Gegenstand leidenschaftlicher und packender Diskussionen, zu welchen die alten Vertreter der Theosophie, der Pansophie oder der *Naturphilosophie* bisweilen hinzugezogen werden, aber fast immer geht es darum, eine Weltensicht vorzulegen, die auf wissenschaftlichen Paradigmen beruht. Auch wenn die neue Wissenschaft sich dank zerreißender Abspaltungen und epistemologischer Vorstöße aus dem wissenschaftsgläubigen Ghetto befreien kann, hat diese Neognosis nichts von einer Gnosis im esoterischen Sinne an sich, egal, ob es sich um *La Gnose de Princeton* (1974) von Raymond Ruyer handelt, um *The Tao of Physics* (1975) von Fritjof Capra oder um *L'Esprit cet inconnu* (1977) von Jean Charon. Es ist keineswegs unsere Absicht, diese Orientierung als ein Phänomen darzustellen, das in sich weniger von Bedeutung oder weniger von Interesse ist als die esoterische

Naturphilosophie, auch wollen wir nicht verneinen, daß es zwischen der einen und der andern zu einer fruchtbaren Wechselwirkung kommen kann. Es geht lediglich darum, die verschiedenen Ebenen nicht miteinander zu verwechseln. Eine Gnosis im eigentlichen Sinne erfordert eine vorherige Zustimmung zu einem Bericht über die Ursprünge (zu einem Gründermythos), der durch Symbole hindurch abrollt und den eine spirituelle Hermeneutik ständig zu vertiefen zum Ziel hat, und dies dank des glühenden Blikkes, d.h. des Geistes, von welchem der Apostel sagt, er »erforscht alle Dinge, auch die Tiefen der Gottheit« (I, *Korinther, 4*). Die wissenschaftliche Neognosis ist der Gnosis nur ähnlich, indem sie sich deren äußerlichste Aspekte aneignet. Erstere kann nur Wirkungen beschreiben, während die zweite über Taten berichtet.

Wie Jean-Louis Vieillard-Baron, eine der maßgeblichen Stimmen, die sich heute zu Gunsten dieser *Naturphilosophie* erhebt, mit Recht feststellt, ist »die Naturphilosophie die Erlösung der Natur durch das Denken des Menschen, welches allein sie im Absoluten wieder integriert.« Was nicht ausschließt, daß eine authentische *Naturphilosophie* natürlich nicht auf die Errungenschaften, die dank des neuen wissenschaftlichen Denkens nun möglich geworden sind, verzichtet.

Neben den bereits erwähnten Esoterikern seien nun diejenigen hinzugefügt, die zu den wichtigsten Vertretern einer Naturphilosophie gehören. Ähnlich wie bei Böhme spaltet sich für G. I. Gurdjieff (1877 oder 1866–1947) die Natur auf in eine kreatürliche und eine ewige Natur; und diese Dualität manifestiert sich im Auftauchen einer erheblichen Anzahl von Materialitätsebenen (eine Unterscheidung, deren Stichhaltigkeit durch die Entdeckung der Quantenwelt bewiesen wurde) und bewegt sich in einem Netzwerk universeller Verflechtungen. In ihrer Struktur, die auf einer gleichzeitig sowohl traditionellen als auch originellen Arithmologie basiert, ist diese komplexe und reiche Kosmologie oder Kosmosophie untrennbar mit einer Pädagogik des »Erwachens« verbunden, dessen Erlernen und Praxis Gurdjieffs Schüler tief beeindruckt hat. Er selbst erläutert in *Beelzebub's Tales to His Grandson* (erschienen 1950) einen Teil seiner Naturphilosophie. Er hat sich seit 1922 in Frankreich niedergelassen und gründet in Avon sein »Prieuré«, bevor er sich dann 1933 endgültig in Paris niederläßt. 1915 begegnet Ouspensky (siehe weiter oben) Gurdjieff, und ihm verdanken wir eine gewissenhafte Information über die Gespräche des Meisters und über die in den Gruppen vollzogene »Arbeit« (*In Search of the Miraculous: Fragments of an Unknown Teaching*, 1949, mit einer bedeutenden Unterweisung in Naturphilosophie).

Heute entwickelt sich offenbar eine ernste und vielversprechende Reflexion um diese im gnostischen Sinne verstandene Idee. Und dies sowohl bei so verschiedenen Esoterikern wie dem bereits genannten Raymond Abellio (*La Structure absolue*, 1965) oder Seyyed Hossein Nasr (*Man and Nature*, 1968) als auch bei Gelehrten (wie dem Mikrophysiker Basarab Nicolescu: *Nous, la particule et le monde*, *1985; La Science, le sens et l'évolution: essai sur J. Böhme*, 1988) oder bei Philosophen (Michel Cazenave, *La Science et l'Ame du Monde*, 1983).

Tradition in allen Ecken

Ein neues Phänomen – der Guénonismus
Als Reaktion auf die ständig steigende Zahl von initiatischen Orden, die mit der okkulistischen Strömung und deren bisweilen auf spiritueller Ebene anfechtbaren Aspekten in Verbindung stehen, unternimmt der Franzose René Guénon (1886–1951) ein Reformationswerk ganz unter dem Zeichen der »Tradition«. Er kennt solche Orden sehr

gut, war er doch in seiner Jugend selbst Anhänger von mehreren davon. Selbst mit dem Spiritismus hat er um das Jahr 1908 herum geflirtet. 1914 läßt er sich in die Grande Loge de France initieren. Innerhalb der Eglise Gnostique ist er in Kontakt mit Männern wie Léon Champrenaud und Albert de Pouvourville, die ihn ebenso beeinflußen wie orientalische Persönlichkeiten, denen er 1908 und 1909 begegnet ist; und all dies festigt in ihm seine Berufung zum Reformator. Guénon veröffentlicht im Jahre 1921 seine *Introduction générale à l'étude des doctrines hindoues*, wo er bereits die Grundzüge seiner Metaphysik entwickelt. Der im gleichen Jahr erschienene Titel Le *Théosophisme, histoire d'une pseudo-religion* ist gegen die Theosophische Gesellschaft gerichtet und verrät etwas von seinem polemischen und scharfen Geist, der auch *L'Erreur spirite* beseelt, einen anderen vergifteten Pfeil, den er diesmal in Richtung Spiritismus abgeschossen hat. Fast all seine spätere Werke bekunden diesen Willen zu reinigen und zu verbessern, und dieser ist nicht nur gegen die esoterischen oder okkultistischen Strömungen, sondern auch gegen die okzidentalischen Philosophen gerichtet (*Orient et Occident*, 1924). In *Le Roi du Monde* aus dem Jahre 1927 behauptet er, daß es ein spirituelles Zentrum oder einen »geometrischen Ort« als Garant der Orthodoxie der verschiedenen Traditionen gebe, und in *La Crise du Monde moderne* (1927) stuft er unsere aktuelle Zivilisation in Beziehung zur hinduistischen Theosophie der kosmischen Zyklen ein, wobei er unsere heutige Zeit mit dem sogenannten »Kali-Yuga« identifiziert, einer dunklen Degenerationsepoche am Ende eines der großen Zyklen oder »manvantaras«. Im Jahre 1930 siedelt Guénon nach Ägypten über und bleibt hier bis zu seinem Tode in seinem Haus in Kairo. Er verfaßt dort *Le Symbolisme de la Croix* (1931), *Les Etats multiples de l'Etre* (1932), *Le Règne de la quantité et les signes des temps* (1945), *La Grande Triade* (1946). Seine umfangreiche Bibliographie beschränkt sich allerdings nicht nur auf diese Titel, ferner war ein er unermüdlicher Briefeschreiber, ein Polemiker mit scharfer Feder und ein sehr fruchtbarer Artikelschreiber.

Guénon vertritt eine komplexe metaphysische Doktrin hinduistischen Ursprungs, deren Schwerpunkt das Nicht-Sein (Brahma, das Absolute) und das Sein (die Manifestation des Seins) ist. An die vielfältigen Ebenen des Seins ist der Mensch gebunden. Eine Metaphysik also, die an sich nicht viel »esoterischer« ist als irgendwelche anderen, auch ist sie nicht der Grund für Guénons vorrangige Stellung innerhalb der modernen Esoterikströmungen. Dafür wären eher drei Hauptgründe zu nennen. Zunächst seine häufigen Stellungnahmen (er zieht große Aufmerksamkeit auf auf sich, weil er diese zu Gesetzen erhebt). Zweitens dann die Eindringlichkeit, mit der er von der Existenz einer »Ur-Tradition« spricht und, im Bereich der Initiation, von der Notwendigkeit einer authentischen Initiationsfolge. Drittens schließlich die hohe Inspiration, die aus seinen Werken über die Symbolik spricht (wie z. B. aus *Le Symbolisme de la Croix* und aus *La Grande Triade*).

Den wild wuchernden Initiationen seiner Zeit, die er meistens als falsch ansieht, setzt Guénon die initiatische Regularität der Freimaurerei und der katholischen Kirche entgegen. Aber letztere ist nicht mehr als ein initiatischer Kanal. Man muß über das Christentum selbst hinausgehen, denn jede Religion als solche ist nur eine Form, ein begrenzter Aspekt der »höchsten Intellektualität« oder ein Avatar der Ur-Tradition – ein Begriff, den er von der Renaissance, der Romantik und der Theosophischen Gesellschaft geerbt hat, den er allerdings hypostasiert wie noch niemand zuvor. Allein und hartnäckig an seinen Weisheitsfelsen geklammert, weist Guénon einen eindrucksvollen Weg intellektueller Askese. Keiner erweist sich fähiger als er, vor der Verwechslung des Psychischen mit dem Geistigen, vor der Gefühlsduselei in Sachen Spiritualität zu warnen. Und doch schüttet dieser Descartes der Esoterik, dessen Kraft in der Synthese, dessen Strenge im Denken, dessen Stärke in den Argumenten man nur bewundern kann, das Kind mit dem Bade aus. Aufgrund seiner ablehnenden Haltung gegenüber der okzidentalischen Philosophie kennt er so gut wie nichts von der deutschen Theosophie (die deutschsprachige Welt ist ihm vollkommen fremd); aus Mißtrauen gegenüber dem Verfälschten übernimmt er nichts – oder fast nichts – aus der hermetisch-alchemistischen Tradition des Abendlandes und situiert in der Renaissance die große Trennung mit der Metaphysik (so nimmt auch bei Guénon »Esoterik« einen neuen Sinn von »metaphysischen Prinzipien« an, während die »Exoterik« mit allem Individuellen in Verbindung steht); aus mangelndem Wissen über die epistemologischen Erkenntnisse seiner Zeit macht er sich eine falsche, da überholte Idee von der Wissenschaft (wobei man natürlich nicht vergessen darf, daß er selbst weder Wissenschaftler noch Gelehrter noch Historiker ist). Er lehnt diese Wissenschaft ebenso ab, wie er die Modernität schlechthin verurteilt und wie er die Natur großzügig ignoriert. Es gibt hier keinen Platz für eine *Naturphilosophie* (die manifestierte Welt, pflegte er zu sagen, ist noch weniger wirklich als unser Schatten auf einer Wand).

Wegen dieses mangelnden Interesses an der Natur und den meisten der okzidentalischen Esoterik eigenen Traditionen ist der Guénonismus wahrlich ein neues Phänomen in der Geschichte der Esoterik. Aber er ist von großem Einfluß und bewegt heute Leute aus jedem Milieu, die von der Klarheit dieses Denkens, von seinem vereinfachenden Aspekt angetan sind, das jedoch vermutlich zu leicht die komplexen Realitäten – ja sogar die kulturellen Schätze, seien sie nun esoterisch oder nicht – außer acht läßt zugunsten bestimmter Metaphysiken mit Dogmencharakter. Das englische Wort »*perennialism*« von dem Lateinischen *philosophia perennis* (das Adjektiv hierzu ist »*perennialist*«) dient zur Bezeichnung dieser religiösen Philosophie, die das Hauptgewicht auf die Ur-Tradition, Mutter aller anderen, im guénonschen Sinne legt. Seine Ideen werden heute vornehmlich von Fritjof Schuon vertreten, einem in den USA ansässigen Schweizer, der ein sehr breites Publikum, insbesondere unter den Intellektuellen, erreicht (*De l'Unité transcendante des religions*, 1948; *L'Esotérisme comme principe et comme voie*, 1978; *Sur les traces de la religion pérenne*, 1982 usw.). Im Gefolge von Guénon und von Schuon (wobei allerdings der zweite nicht mit dem ersten verwechselt werden darf, da einige grundlegende Unterschiede sie trennen) heben sich einige markante Persönlichkeiten ab. In Frankreich Constant Chevillon (1880–1944, der Schuon nicht kennengelernt hat), eine wichtige Persönlichkeit des Martinismus und des Maurertums (*La Tradition universelle*, 1946), Léo Schaya (*La Création en Dieu*, 1983), die Philosophen Georges Vallin und Jean Borella. In Italien Julius Evola (1898–1974), ein rechtsextremer Philosoph, den wir bereits im Zusammenhang mit der Alchemie erwähnt haben. In Deutschland Titus Burckhardt (1908–1984). In England Martin Lings (*The Eleventh Hour*, 1987), der persönliche Sekretär von Guénon. In den USA Ananda K. Coomaraswamy (1877–1947), Seyyed Hossein Nasr (*Knowledge and the Sacred*, 1981), Huston Smith (*The Religions of Man*, 1958; *Forgotten Truth*, 1976; *Beyond the Post-Modern Mind*, 1982). Zwischen diesen Denkern gibt es Unterschiede in der Orientierung, die jedoch in dieser kurzen Darstellung nicht näher erläutert werden können und die sie auch von den beiden führenden Köpfen unterscheidet (nur zwei Beispiele: bei S. H. Nasr gibt es eine wahre Naturphilosophie und bei Jean Borella ein authentisches Christentum).

Die initiatischen Gesellschaften
Von den bereits erwähnten freimaurerischen Riten über-
lebten der »Rektifizierte Schottenritus«, der »Alte und
Angenommene Schottische Ritus« und »Memphis-Mis-
raim« den Ersten Weltkrieg. Im Bereich freimaurerähnli-
cher Organisationen ist der Martinismus in viele verschiedene Orden mit sehr komplexer Geschichte zersplittert,
wo man jedoch immer noch, je nach Branche, das Ritual
aus der Zeit von Papus oder das theurgische der »Elus-Co-
hen« praktiziert. Die Brüder der Societas Rosicruciana in
Anglia setzen im diskreten Schatten ihrer Logen oder
»Collèges« ihre initiatische Arbeit im Rosenkreuzerstil
fort. Der aus der »Societas Rosicruciana in Anglia« hervor-
gegangene Golden Dawn verschwindet in seiner ursprünglichen Form zu Beginn des Jahrhunderts. Eine Art von
Weiterführung stellt der von Paul Foster Case (1884–1954)
gegründete Orden der »Builders of the Adytum« dar; seine
Studienobjekte umfassen Hermetik, Kabbala, Tarot. Der
»Ordo Templi Orientis« (siehe weiter oben) hat sich in
Nordamerika stark entwickelt und besitzt ein bedeutendes
Zentrum in Kalifornien.

Das Symbol der Rose und des Kreuzes stößt im 20. Jahrhundert auf ein breites Interesse, das weit über die Grenzen
der Winkelmaurerei hinausgeht. Im Jahre 1915 gründet
Harvey Spencer Lewis (1883–1939) den AMORC (Anti-
quus Mysticus Ordo Rosae Crucis), welcher bei seinem
Tode bereits mehrere Millionen Mitglieder zählt. Es handelt sich hier (mit Ausnahme der Theosophischen Gesellschaft) um die erste Massenbewegung in der Geschichte der
okzidentalischen Esoterik. Offen gegenüber der Außenwelt und aufgeschlossen gegenüber dem Modernen unter-
breitet der AMORC seinen Mitgliedern sowohl ein kultu-
relles Angebot (zahlreiche Konferenzen, Besichtigungen
von historischen Stätten, Bibliotheken usw.) als auch einen
initiatischen Weg. Die Weltzentrale, die sich bisher in dem

großen AMORC-Zentrum von San José in Kalifornien befand, hat sich seit 1990 nach Kanada verlagert. Sehr verschieden davon ist das »Lectorium Rosicrucianum«, das Jan Leene (*alias* Jan Van Rijckenborgh, 1896–1968) 1924 in Haarlem (Niederlande) gegründet hat und das ein wichtiges Zentrum in Ussat-les-Bains (Frankreich) besitzt. Dieser Orden betreibt wesentlich weniger Proselytenmacherei als der vorhergehende; seine Lehre ist geprägt von der Gnosis (im Sinne des früheren Gnostizismus) und den Katharern, was nur schwer in Einklang zu bringen ist mit dem traditionellen Rosenkreuzertum (des 17. Jahrhunderts), einer eher pansophischen Bewegung; und trotzdem unternehmen die Denker des Lectorium diesen Versuch. Unter den zahlreichen neurosenkreuzerischen Orden sei noch die italienische »Fraternità Terapeutica Magica di Miriam« genannt, die Ciro Formisano (*alias* Giuliano Kremmerz, 1861–1930) ins Leben gerufen hat. Es handelt sich hier um einen therapeutischen Orden, der Rosenkreuzertum und Ägyptenbegeisterung vereint. Seit dem Tod seines Gründers hat dieser Orden einen gewissen Erfolg, und sein *Corpus Philosophorum totius Magiae* wurde 1988/1989 veröffentlicht. Natürlich gibt es noch andere Rosenkreuzerorden außen den bereits genannten; das vollständigste Verzeichnis davon findet man in dem Buch von Massimo Introvigne, *Il Cappello del Mago*, Mailand 1990).

Die Anthroposophische Gesellschaft, die seit 1923 den Namen »Allgemeine Anthroposophische Gesellschaft« angenommen hat, zeichnet sich durch eine intensive Aktivität aus, die auch nach dem Tod ihres Gründers nicht abgenommen hat. Dornach ist nach wie vor ein bedeutender Ort kulturellen Schaffens und ein Zentrum, dessen Ausstrahlung durch den Erfolg der Steinerschen Schulen (die erste »Freie Waldorfschule« wurde 1919 in Stuttgart gegründet) noch verstärkt wurde. Gleiches gilt auch für die Theosophische Gesellschaft, deren Zentren in allen Ländern, wo diese Gesellschaft existiert, sehr aktiv sind; aber sie hat auch unterschiedliche Branchen, und einige haben sich von der Muttergesellschaft gelöst, um eine eigene Organisation zu gründen. Dies ist der Fall bei der »Christlich-mystischen Loge« der Theosophischen Gesellschaft (siehe weiter oben), die dem Denken von Anna Kingsford nahesteht und 1923 von der Psychoanalytikerin Violet Mary Firth (*alias* Dion Fortune, 1890–1946, die selbst vom Golden Dawn kommt) gegründet wurde; 1928 wurde diese Loge in »Society of Inner Light« umbenannt, und man praktiziert dort verschiedene Formen von evokatorischer und sexueller Magie.

Neben den eigentlichen Gesellschaften gibt es noch alle Arten von »Bruderschaften« und Studiengruppen. So ist die von Serge Raynaud de La Ferrière (1916–1962) 1947 gegründete »Grande Fraternité Universelle« heute vor allem in Mittel- und Südamerika tätig. Sehr eklektisch vereint sie »vorkolumbianische« Lehren mit Spekulationen über das Wassermann-Zeitalter. Es handelt sich hier um eine Massenorganisation ähnlich der in den fünfziger Jahren von dem Argentiner Angel Livraga (1930–1991) gegründeten »La Nouvelle Acropole«. Diese in zahlreichen Ländern etablierte Gruppierung bietet Kurse an und gibt Zeitschriften heraus, die sich mit den verschiedenen religiösen Traditionen der Menschheit, vornehmlich unter ihrem künstlerischen Aspekt, beschäftigen. Im Jahre 1952 gründet der Kolumbianer Samael Aun Weor (1917–1977) eine ebenfalls sehr eklektische Vereinigung unter dem Namen »Gnostische Vereinigung für anthropologische und kulturelle Studien«, eine Mischung aus Buddhismus, Tantrismus, steinersche Anthroposophie, sexuelle Alchemie und den Lehren Gurdjieffs. Erwähnt seien schließlich die Vereinigung »Atlantis« und deren gleichnamige Zeitschrift, die im Jahre 1927 von Paul Le Cour (1871–1954) – übrigens einer der ersten, der die Idee eines »Wassermann-

Zeitalters« propagiert hat – gegründet wurden. Diese Gruppe zeichnet sich durch eine eklektische christliche Esoterik aus, in der der Atlantis-Mythos eine große Rolle spielt. Die Atlantis-Bewegung ist immer noch sehr aktiv und wird zur Zeit in Frankreich von dem Esoteriker Jacques d'Arès geleitet.

Die Tradition in all ihrer Herrlichkeit
Zu den bereits oben erwähnten Vereinigungen könnte man noch andere hinzufügen, von denen die meisten eher aus dem Bereich der sogenannten Neuen Religiösen Bewegungen kommen. Innerhalb der Neuen Religiösen Bewegungen – die im 20. Jahrhundert ein großes Ausmaß angenommen haben – sind diejenigen in großer Anzahl vertreten, deren Lehre oder Doktrin esoterische Elemente enthalten (wie etwa die »Fraternité Blanche Universelle« von Peter Deunov und Mikhael Aivanhov). Gleiches gilt auch für die sogenannten Neuen Therapien und das »Channeling« oder die Kontaktnahme mit Wesen aus dem Jenseits (es handelt sich hier um eine moderne Form von Spiritismus). Diese verschiedenen Orientierungen gehören zum sogenannten »New Age«, einer diffusen Bewegung, die im Kalifornien der siebziger Jahre auftaucht und deren Ursprünge u. a. auf Alice Bailey (1880–1949) zurückgehen, die Begründerin der »Arcane School« im Jahre 1923. Die Anhänger des Neuen Zeitalters glauben an das Kommen einer neuen Ära, nämlich die des Wassermanns, die sich auszeichnen soll durch einen Fortschritt der Menschheit unter dem Vorzeichen einer wiedergefundenen Harmonie und eines erweiterten Bewußtseins.

Auf den Stränden dieser ozeanischen Landschaft verliert die Esoterik ihre Konturen, die sich auch auf den Jahrmärkten des Okkultismus verwischen. Echte Jahrmärkte wie etwa die »Kohoutek Celebration of Counsciousness« in San Francisco im Januar 1974, ein unglaubliches und un-

wahrscheinliches Durcheinander von allen möglichen par-
allelen Wissenschaften, die hier mit einem Stand oder einem Seminarangebot vertreten waren, und dies war lediglich die erste Manifestation dieser Art in einem solch großen Rahmen, auf die noch eine ganze Reihe anderer gefolgt
sind und immer noch folgen werden. Der positive Aspekt
eines solchen Ereignisses liegt einerseits in dem sichtbaren
Bedürfnis der Teilnehmer nach »Transformation« und andererseits für denjenigen, der auszuwählen weiß, in der
Möglichkeit, ein gutes Korn unter der Spreu zu finden.
    Eine andere Art von Jahrmarkt existiert in Form von
Veröffentlichungen. Im Jahre 1958 erscheint in Frankreich
ein hierfür typisches Buch, *Le Matin des magiciens* von
Louis Pauwels und Jacques Bergier, ein schnell in mehrere
Sprache übersetzter Erfolgstitel. Dieses Hauptwerk des
Konfusionismus und geschickt angelegte Verkaufsunter-
nehmen erfährt dann seine erfolgreiche Weiterführung in
Form der Zeitschrift *Planète* (1962/1968), deren Programm vornehmlich darin besteht, metaphysische und religiöse Mysterien als wissenschaftliche Rätsel darzustellen,
und *vice versa*. Aber auch da mag die Bilanz positiv sein,
wurde doch die Aufmerksamkeit auf bis dahin zu wenig
beachtete esoterische Aspekte aus Kultur und Spiritualität
gelenkt. Ein weiterer Faktor, der zu Konfusion bei einem
breiten Publikum geführt hat, ist die Benutzung esoterischer Themen in der Politik. Auch wenn es sicher ist, daß
Nazi- oder den Nazis nahestehende – Denker solche Themen benutzt haben (auf recht begrenzte Art übrigens, die
dann in der Folge übertrieben wurde; siehe hierzu das
grundlegende Werk von Nicholas Goodrick-Clarke, *The
Occult Roots of Nazism*, 1985), ist es auch nicht weniger
wahr, daß es sich dabei um »verrückt gewordene esoterische Wahrheiten« handelte. Man kann stets den Sinn von
Mythen umdrehen. Trotzdem muß man zugeben, daß es
zwischen den Vertretern der Tradition im reinen und stren-

gen Sinn des Wortes und gewissen rechtsextremen Bewegungen eine natürliche Affinität gibt. Aber es geht dabei um ein Phänomen, das ebenso neu ist wie der Traditionismus selbst. Es ist allerdings auch bekannt, daß die politische Orientierung vieler Esoteriker im letzten Jahrhundert eher in entgegengesetzte Richtung zielte.

Kunst und Geisteswissenschaften

Esoterische Kunst und Literatur

Wie schon in den früheren Jahrhunderten, so ist auch im 20. Jahrhundert das Vorhandensein von Esoterik in Kunst und Literatur nicht immer Zeichen eines persönlichen Engagements (gleiches gilt auch für das Phantastische: ein guter Autor glaubt nicht unbedingt an seine Geister). Aus einer großen Buchproduktion seien nur einige typische Werke genannt, wobei wir uns ausdrücklich auf Esoterik beschränken. Dieser Einschlag taucht bei drei deutschen Romanschriftstellern auf: Gustav Meyrink (*Der Golem*, 1915; *Das grüne Gesicht*, 1916 usw.) benutzt Literatur als Forum und bleibt in der Nachwelt lebendig mit einem dreifachen Titel als großer Eingeweihter, ausgezeichneter Phantastiker und wahrer Romanschriftsteller. Okkultismus und Naturphilosophie prägen, wenn auch viel diskreter, mehrere Erzählungen von Hermann Hesse (*Das Glasperlenspiel*, 1943). Magie, Okkultismus und Naturphilosophie finden sich ebenfalls bei Herbert Kessler in *Tödliche Anstöße* (1983). Im Angelsächsischen dominieren bei weitem die Phantastiker, ein Roman wie *Four Mansions* (1969) von Lafferty entspricht jedoch unseren Kriterien, vor allem aber die Romandichtung von Charles Williams (*War in Heaven*, 1930; *The Greaten Trumps*, 1932). In Frankreich gibt es wenig Romane dieser Art (erwähnenswert sind zwei Titel von Frédérick Tristan *L'homme sans nom*, 1980, und *Les Tribulations de Balthasar Kober*, 1980). Es ist möglich, daß der Italiener Umberto Eco (*Pendolo di Foucault*, 1988) eine Romangattung geschaffen hat, in welcher die okkultistische Esoterik als bevorzugtes Themenreservoir fungiert; das Buch selbst ist Kunstwerk, Spielraum, das sich nicht anmaßt, Botschaften zu vermitteln ... Daneben gibt es Romane, die nicht der Esoterik zugeordnet werden können, in denen die Autoren (wie etwa Mircea Eliade und Raymond Abellio) jedoch Botschaften initiatischen Inhaltes übermitteln.

Die Prosa und die Poesie eines Oscar Vencelas Milosz (*Ars Magna*, 1924; *Les Arcanes*, 1927) sind die eines großen Eingeweihten und begnadeten Künstlers (vielleicht ist er zusammen mit William B. Yeats der esoterisch authentischste Autor unter den großen Schriftstellern des 20. Jahrhunderts). Der Russe Aleksandr Blok (*Roza i krest*, 1915) steht ihm in mehreren Punkten nahe. Auch die Surrealisten haben sich der okkulten Wissenschaften bedient (André Breton, *Arcane 17*, 1947; *L'Art magique*, 1957), aber das Engagement ist seriöser bei den jungen Autoren der Zeitschrift »Le Grand Jeu« (René Daumal, *Le Mont Analogue*, 1952). Bei dem Portugiesen Fernando Pessoa sind Poesie und kleine Prosatexte oft von Esoterik durchzogen (wie etwa *A hora do diabo*, 1931/1932).

Im Bereich der bildenden Kunst ist der Einfluß der Theosophischen Gesellschaft tiefgehend und von Dauer (siehe hierzu die gute Retrospektive *The Spiritual Art: Abstract Painting 1890–1985*, 1986). Bei dem deutschen Joseph Anton Schneiderfranken (*alias* Bô-Yin-Râ, 1876–1943), einem Dichter und immer noch sehr geschätzten spirituellen Meister (*Das Buch der Gespräche*, 1920), schöpfen Malen und Schreiben ihre Inspiration aus einer orientalisierenden Esoterik. Die jüngsten Gemälde des portugiesischen Malers Lima de Freitas geben aufgrund ihres sehr figurativen Charakters den Eindruck, zum Surrealismus zu gehören, aber in Wirklichkeit unterscheiden sie sich wesentlich von dieser Strömung wegen ihres sehr deutlichen Neopythagorismus und ihrer spezifischen Hinweise auf esoterische Themen, die einen spirituellen Sinn vermitteln (»Calma na falsa morte«, 1985; »O Jardim dos Hesperides«, 1986 usw.) Im Architekturbereich sei daran erinnert, daß das Goetheanum in der Nähe von Basel (siehe weiter oben) nach dem Brand von 1922 wieder aufgebaut worden war und daß seine herrlichen Glasfenster sich von einer sehr »anthroposophischen« Symbolik inspirieren. Bei den vielen neuen Tarotspielen dieses Jahrhunderts stellen mehrere den Versuch einer figurativen Erneuerung im Sinne der okkultistischen Tradition der Jahrhundertwende dar (»Cartomancia Lusso«, Pamela Colemann Smith, »Tarot Rider-Waite, 1909; «Thot Tarot» um 1940 von Frieda Harris, von A. Crowley inspiriert.) Die sehr figurative Kunst farbiger Stiche und Illustrationen in den angelsächsischen Esoterikbüchern, wobei sich «modern style» und Neoromantik auf originelle Art und Weise vereinen, stellt eine besondere Gattung dar, die einer Untersuchung wert ist (wie etwa in *The Secret Teachings of all Ages* von Manly P. Hall, 1928).

Von musikalischer Esoterik kann man nur schwerlich anders sprechen als in bezug auf die von den Komponisten entwickelten Theorien, aber wenn solche existieren, dann kann man diesen Aspekt gelegentlich auch in den musikalischen Werken wiederfinden. Dies ist etwa der Fall bei Cyril Scott (*The Influence of Music*, 1933) oder Karlheinz Stockhausen (*Texte zur Musik*, 1970/1977). Über den Filmbereich ist wenig zu sagen, außer vielleicht, daß die Filme esoterisch angehauchte Exegesen inspirieren können. Die explizite Esoterik ist hier ziemlich selten. Henrik Galeen benutzt 1920 in *Der Golem* das Thema, das bereits zuvor Meyrink inspiriert hatte, aber in diesem Film geht es, mehr als in dem Roman und in der jüdisch-esoterischen

Tradition des Golem, eher um das Phantastische. Das Kino kann einen expliziten Okkultismus darstellen, bietet sich aber wenig als Ausdruck einer Denkweise wie die Esoterik an, es sei denn, es benutzt Umwege wie z.B. die Inszenierung eines initiatischen Weges, wie dies Peter Brook in *Meetings with Remarkable Men* (1978) gelungen ist. Zitiert seien aber schließlich doch noch die Titel von vier schönen Filmen mit stark alchemistischem Einschlag, wobei allerdings noch andere Referenzen an die Esoterik dazukommen: *2001, A Space Odyssey* (von Stanley Kubrick, 1968); *Excalibur* (von John Boormann, 1983); *Highlander* (von Russel Milcahy, 1986); der berühmte *Star Wars* (von George Lucas, 1977) und dessen Folgefilme.

Psychologie und Humanwissenschaften
Einige der Ursprünge von Freuds Denken wurzeln in der romantischen Naturphilosophie, welche das Vorhandensein des Unbewußten entdeckt hat, aber der Psychologe Hermann Silberer hat das Verdienst, als erster alchemistische Texte mittels einer psychoanalytischen Lesart interpretiert zu haben (*Probleme der Mystik und ihrer Symbolik*, 1914). Schließlich erweist sich Carl Gustav Jung (1875–1961) als der große Entdecker der psychologischen Reichtümer des esoterischen, vornehmlich des alchemistischen Corpus (*Psychologie und Alchemie*, 1936/1952; *Mysterium Conjunctionis*, 1955/1956, usw.). Die nicht reduktionistische Orientierung seines Denkens hat ihm die Entdeckung erlaubt, daß alchemistische Transmutation und die Symbolik ihrer markierten Pfade eine hochpositive – da trans-formierende – Arbeit der Psyche auf der Suche nach ihrem eigenen Gefüge, nach ihrer »Individuation«, darstellt. Ferner hat seine Theorie der Archetypen (oder der für unsere Gattung eigenen, überall vorhandenen Ur-Bilder, was die Frage nach der Existenz eines »kollektiven Unbewußten« stellt, das ebenfalls überall verbreitet ist) die Isomorphie

von Bildern und Symbolen aufgezeigt, zwischen denen man noch nie eine Verbindung hergestellt hatte. Diese Veranschaulichung von gemeinsamen Nennern erlaubt es, diese Form des Denkens, den die Esoterik darstellt, in einen anthropologischen Kontext zu stellen, der über sie hinausgeht, um dadurch noch um so besser ihre Spezifität aufzuzeigen.

Gilbert Durand, ein Bewunderer von Jung und Bachelard, hat wie sie im Teich der Esoterik (aber nicht nur da) gefischt, um damit seine Überlegungen über die »anthropologischen Strukturen des Imaginären« (*Les structures anthropologiques de l'Imaginaire*, Titel seines 1960 erschienenen Buches) anzureichern. Er geht allerdings weiter als Jung und Bachelard, indem er das Imaginäre – und das Mythische – als erstes, irreduzibles Element hinstellt, das imstande ist, über die verschiedenen Formen von geistiger Aktivität Auskunft zu geben, wobei die rationale Aktivität nur eine Form davon unter vielen andern ist. Wenig Universitätsgelehrte haben so viel wie er dazu beigetragen, das esoterische Corpus aus seinem Ghetto zu befreien und ihm das Recht auf einen Platz unter den Humanwissenschaften einzuräumen (Jung hatte es vor allem gegenüber dem in der Tat weiten Feld der Psychologie geöffnet). In diesem Unterfangen – wobei sein Schaffen sich nicht nur hierauf beschränkt – wird G. Durand von einem persönlichen Engagement »traditioneller« Art (aber nicht im Sinne von »perennialist«) und einer umfassenden Bildung unterstützt (*Sciences de l'Homme et Tradition*, 1975; *Figures mythiques et visages de l'oeuvre*, 1979; *Beaux-Arts et archétypes*, 1989 usw.).

Philosophen verfolgen einen ähnlichen Weg, indem sie das esoterische Corpus in ihr Überlegungsfeld miteinschließen, und zwar, um so die Philosophie auf ihre Rolle als spirituellen Anspruch und als Transmutationspraxis des Menschen zurückzuführen (Françoise Bonardel, *L'Her-*

métisme, 1985; *Philosophie de l'Alchemie*, 1993) oder um die klassische Logik für neue Ansätze zu öffnen (Jean-Jacques Wunenburger, *La Raison contradictoire*, 1990) oder um schließlich Metaphysik und Psychologie zu verbinden (Robert J. W. Evans, *Imaginal Body*, 1982; *The New Gnosis*, 1984). Und es ist auch kein Zufall, daß heutzutage Psychologie und Esoterik enge Verbindungen unterhalten. Inmitten eines Universums, das seit langem eines Bewußtseins entbehrt, und in einer menschlichen Gemeinschaft, der es an Ideologien und an Idealen mangelt, steht der moderne Mensch allein seiner Individualität gegenüber. Und so leben wir in einer »psychologischen« Epoche. Die esoterischen Traditionen vermitteln allerdings eine Annäherung an die Selbsterkenntis, die nicht von einem vorherigen Beitritt zu einem Glaubens- oder Ethiksystem abhängt und die trotzdem dem Universum und unserem Leben einen Sinn geben kann. Und so dringt nun die Esoterik über den Umweg der Therapie in das breite Publikum von heute ein. Daher auch der Erfolg von solchen Gurus wie Gurdjieff und von denen, die seinen verschlüsselten Sprachstil in eine klare Sprache übertragen haben (wie John G. Bennett, *Gurdjieff: Meeting a New World*, 1973).

Es ist auch kein Zufall, daß die Humanwissenschaften (Anthropologie, Geschichte der Religionen usw.) sich gegenüber der Esoterik öffnen und umgekehrt. Die *Oration* (siehe weiter oben) von Pico della Mirandola über die »Würde« des Menschen ist wieder brandaktuell: Dieser muß sich ständig neu definieren, um seinen Platz in der Natur oder in einer universellen Gesellschaft oder Kultur zu finden oder wiederzufinden. Auf die doppelte Forderung nach Kultur und nach Universalität vermeint das Schaffen des Anthropologen und Religionswissenschaftlers Mircea Eliade (1907–1987) eine Antwort zu geben. Seiner Meinung nach stellt die erste Forderung den notwendigen Umweg dar, um zu jeder »Initation«, die diesen Namen verdient, Zugang zu haben; und die zweite, die er als die Intelligenz der Unterschiede wie auch der Ähnlichkeiten ansieht, ist ebenso weit entfernt von einem engen Historizismus wie von einem künstlichen, abstrakten oder wirklichkeitsfremden Universalismus. Kein Exklusivismus in diesem Werk, das den esoterischen Strömungen den Platz einräumt, der ihnen auch zusteht (*Histoire des croyances et des idées religieuses*, 1976/1983; *Occultism, Witchcraft and Cultural Fashion*, 1976, usw.)

Die Historiker
Dieser Aspekt im Werk von Eliade bildet eine Brücke zur Annäherung von Anthropologie und Geschichte. Sicherlich handelt es sich dabei um ein einmaliges Unterfangen, was sein Bestreben und sein Ausmaß betrifft, aber immer mehr findet man in allgemeiner Geschichte und in Enzyklopädien ein Kapitel oder spezifische Stichworte zum Thema Esoterik. Oft sind sie mittelmäßig, weil die Themenstellung nicht richtig erfaßt ist, was jedoch nicht ausschließt, daß man über diesen Autor oder jene Strömung Informationen findet, die man gerade braucht (siehe weiter oben). Schließlich sei noch auf das Vorhandensein von Sammlungen oder Serien hingewiesen, die, wenn sie auch nicht auf die eigentliche Esoterik spezialisiert sind, doch reich an Informationen und Referenzen sind, wie etwa die *Eranos Jahrbücher* (1933/1988) oder die *Cahiers de l'Université de Saint-Jean de Jérusalem* (1975/1988).

Daneben gibt es eine Reihe von bedeutenden Fachzeitschriften. Im Bereich der Alchemie sind dies die sehr wissenschaftlichen *Ambix* (seit 1937) in England, *Cauda Pavonis* (seit 1974) in den USA und *Chrysopoeia* (seit 1987) in Frankreich; oder auch die Zeitschrift *The Hermetic Journal* (1978/1992) in England; ferner in Frankreich *La Tourbe des Philosophes* (seit 1977), die sich zum Teil der

operativen Alchemie widmet, und in Belgien die poetische
Fil d'Ariane (seit 1977), sehr literarisch und eklektisch. Die
französische Universitätsveröffentlichung *Politica Herme-
tia* und die Vereinigung gleichen Namens (seit 1984) interessieren sich für die Beziehung zwischen Esoterik und Politik. Ebenfalls in Frankreich berichtet die Zeitschrift
A.R.I.E.S (seit 1985) über die neuesten Forschungsarbeiten
und -projekte. Die deutsche Zeitschrift *Hermetika* (seit
1983) ist vor allem auf Übersetzungen und Exegesen her-
metischer und hermetistischer Texte spezialisiert.

Bei den Historikern kann man zwischen den Spezialisten eines Autors oder einer Strömung und den »Allgemeinhistorikern« unterscheiden. Zur ersten Gruppe gehört Auguste Viatte, der im unübersichtlichen Bereich des
Illuminismus wichtige Vorarbeit geleistet hat (*Les Sources
occultes du Romantisme*, 1928). Nach den sehr detaillierten
Arbeiten von André-Jean Festugière über die hermetischen Texte (*La Révélation d'Hermès Trismégiste*,
1949/1954, und einer wissenschaftlichen Darstellung des
Corpus Hermeticum, 1954/1960), wurde die moderne hermetische Tradition zum Thema grundlegender For-
schungsarbeit von seiten so bedeutender Gelehrter wie
Frances A. Yates (*Giordano Bruno and the Hermetic Tradition*, 1964), Daniel P. Walker (*Spiritual and Demonic Magic*, 1969), Cesare Vasoli, Eugenio Garin und andere, ohne
die Werke von Rolf Christian Zimmermann über den Hermetismus bei Goethe (1969/1679) zu vergessen. Die Arbeiten von Robert Halleux über die frühe Alchemie beflügeln
heute mehrere, auf moderne Zeit spezialisierte Forscher.
Das riesige Werk von Gershom Scholem hat Horizonte geöffnet, die weit über die jüdische Kabbala hinausgehen, ein
Bereich, der heute mit Mosche Idel seinen bedeutendsten
Gelehrten hat. Ein sehr umfangreiches und höchst wissenschaftliches Werk hat François Secret den christlichen
Kabbalisten gewidmet (darunter *Les kabbalistes chrétiens*

de la Renaissance, 1962). Paracelsus und der Paracelsismus sind heute wohl bekannt dank der Arbeiten von Walter Pagel und Kurt Goldammer sowie von Allen Debus (*The Chemical Philosophy*, 1977) und das Rosenkreuzertum des 17. Jahrhunderts dank Roland Edighoffer (*Rose-Croix et société idéale*, 1982/1987) und Carlos Gilly, ohne jedoch die bedeutenden Studien von Ernst Benz, Bernard Gorceix, Pierre Deghaye, Jacques Fabry oder Jules Keller über verschiedenene Aspekte der germanischen Theosophie zu vergessen. Auch der Guénonismus wurde einer historisch-kritischen Untersuchung unterzogen (Arbeiten von Jean-Pierre Laurant, insbesondere seit 1975). Und gar lang wäre die Liste, wollte man noch alle die aufzählen, die über die Beziehungen zwischen Esoterik und Literatur oder Kunst arbeiten (Jean Richer, Alain Mercier, James Dauphiné, Yves Vadé, Charles Nicholl, Lyndy Abraham, usw.) oder Texte und Dokumente herausgeben (wie Stuart R. Kaplan, *The Encyclopedia of Tarot*, 1978/1990, oder René Alleau und später Joachim Telle über die Alchemie).

Im Bereich der »Allgemeinhistoriker« – von denen einige natürlich auch Spezialisten sind – muß man zunächst das von Lynn Thorndike errichtete enzyklopädische Monument (*A History of Magic and the Experimental Science*, 1933/1958, 8 Bände) nennen, das trotz seines überholten Rationalismus ein unersetzliches Arbeitsinstrument darstellt. Wesentlich zielgerichteter, aber immer noch enzyklopädisch, sind die Trilogie von Karl R. H. Frick (*Licht und Finsternis* und *Die Erleuchteten I, II*, 1973/1978), die vor allem die esoterischen Gesellschaften behandelt, und die von James Webb über die Strömungen der letzten 150 Jahre (*The Occult Underground*, 1974; *The Occult Establishment*, 1976; *The Harmonious Circle*, 1980). J. Gordon Melton hat sehr sorgfältige Bibliographien über die magisch-religiösen Bewegungen in den USA angelegt (1982/1986), und man verdankt ihm vornehmlich Informationen über die Neuen Religiösen Bewegungen. Wenn dieser Bereich auch manchmal das esoterische Feld berührt, so haben wir weiter oben ausgeführt, was ihn davon trennt. Ein Spezialist der Neuen Religiösen Bewegungen, Massimo Introvigne, liefert die beste Studie über alle »magischen« Gesellschaften und Strömungen seit der Mitte des letzten Jahrhunderts (*Il Cappello del Mago*, 1990). Einer der bedeutendsten Akademiker in unsererm Fachbereich ist Joscelyn Godwin, der mit gleichem Sachverstand eine zweifache Forschung betreibt. Als Spezialist für musikalische Esoterik umfassen seine Arbeiten mehrere Jahrhunderte (*Harmonies of Heaven and Earth*, 1987; *L'Esotérisme musical en France*, 1991 usw.). Parallel dazu interessiert er sich für Autoren und Strömungen verschiedener Epochen (*The Theosophical Enlightement*, 1994, sowie zahlreiche Veröffentlichungen, insbesondere über Robert Fludd, Athanasius Kircher, über die Esoterik der Jahrhundertwende usw.)

Unter den Allgemeinhistorikern gibt es auch Esoterologen, die ihrer Disziplin ein eigenes, spezifisches Statut verleihen wollen. Nennen wir zunächst den bereits zitierten Robert Amadou, ein großer Gelehrter in seinem Fachbereich, Spezialist für Saint-Martin und unermüdlicher Erforscher von Archiven. Ferner Gerhard Wehr, ein Autor, der in einer Reihe von anspruchsvollen Monographien den Versuch unternimmt, Gemeinsames bei R. Steiner, C. G. Jung, Novalis, Böhme herauszuarbeiten, und ein interessantes Bild von der christlichen Esoterik zu geben weiß (*Esoterisches Christentum*, 1975 und 1995). Schließlich, und zwar mit mehr Wissenschaftlichkeit, Pierre A. Riffard (*L'Esotérisme*, 1990), der als erster eine zusammenhängende methodologische Annäherung an den Bereich Esoterik unternommen hat (siehe weiter oben).

Eine Hilfe findet der Interessierte ferner in ausgezeichneten Bibliotheken. Außer dem bereits bedeutenden Bestand in allen großen Bibliotheken der Welt gibt es den der Spezialbibliotheken, wobei die Bibliotheca Philosophica Hermetica von Joseph R. Ritman in Amsterdam besonderer Erwähnung bedarf. Sie steht nunmehr Forschern offen und vereint Tausende von Titeln (vom 15. bis zum Beginn des 19. Jahrhunderts), die in fünf große Gruppen aufgeteilt sind: Alchemie, Hermetismus, Kabbala, Theosophie, Rosenkreuzertum. Erwähnenswert ist auch die Oskar Schlag Bibliothek in Zürich (jetzt ein Zweig der Zentralbibliothek dieser Stadt), die 1996 den Forschern zugänglich gemacht wurde und deren Bestände in den erwähnten Gebieten ebenfalls beträchtlich sind.

Literatur

Im Text erwähnte Werke
in lieferbarer deutscher Übersetzung
Altus (Pseud.)/Canseliet, Eugène: *Multus Liber. Die Alchemie und ihr stummes Buch,* Anton Weber, Berlin, 1991
Anonymus d' Outre-Tombe: *Die Großen Arcana des Tarot. Meditationen,* Herder, Basel, 1993 (3. erweiterte Ausgabe) – Der Verfasser ist Valentin Tomberg.
Bennett, John: *Gurdjieff. Ursprung und Hintergrund seiner Lehre,* Sphinx, Basel, 1989
Blavatzky, Helena: *Die Geheimlehre,* Adyar Theosophische V. G., Graz, 1992 (2. Auflage)
Breton, André: *Arkanum 17,* Matthes & Seitz, München, 1993
Capra, Fritjof: *Das Tao der Physik,* Scherz, München, 1984
Charon, Jean: *Der Geist der Materie,* Ullstein, Berlin, 1982
Eco, Umberto: *Das Foucaultsche Pendel,* Hanser, München, 1989
Edighoffer, Roland: *Die Rosenkreuzer,* Beck, München, 1995
Eliade, Mircea: *Die Geschichte der religiösen Ideen,* Bd. 1–4: Von der Steinzeit bis zur Gegenwart, Bd. 5: Quellentexte, Herder, Freiburg, 1994 (Zahlreiche andere Werke von Mircea Eliade zu esoterischen Themen sind ebenfalls in deutscher Übersetzung verfügbar. Anm. d. Lektorats)
Evola, Julius: *Die hermetische Tradition. Von der alchemistischen Umwandlung der Metalle und des Menschen in Gold,* Ansata, Interlaken, 1990 (2. Auflage)
Guénon, René: *Der König der Welt* (Edition Ambra) Dingfelder, Andechs, 1987
– *Stufen des Seins* (Edition Ambra) Dingfelder, Andechs, 1987

– *Die Symbolik des Kreuzes* (Edition Ambra) Dingfelder, Andechs, 1987

Gurdjieff, Georg I.: *Beelzebubs Erzählungen für seinen Enkel*, Teil 1 der Serie »All und Alles«, Hugendubel, München, 1991 (4. Auflage)
(Teil 2 derselben Serie: *Begegnungen mit bewerkenswerten Menschen*, Hugendubel, 1992/Teil 3: *Das Leben ist nur wirklich, wenn »Ich bin«*, Hugendubel, 1990; Anm. d. Lektorats)

Introvigne, Massimo/Türk, Eckhard: *Sanatismus. Zwischen Sensation und Wirklichkeit*, Herder, Freiburg, 1995

Kardec, Allen: *Das Buch der Geister*, Bauer, Freiburg, 1994 (5. Auflage)

Lévi, Eliphas: *Einweihungsbriefe in die Hohe Magie und Zahlenmystik. Briefe an Baron Spedalieri (1861–1863)* Ansata, Interlaken, 1990

– *Geschichte der Magie*, Hugendubel, München, 1994 (4. Auflage)

– *Transzendentale Magie. Dogma und Ritual*, Hugendubel, München, 1992 (5. Auflage)

Lings, Martin: *Die elfte Stunde* (Edition Ambra) Dingfelder, Andechs, 1989

Ouspensky, Peter D.: *Auf der Suche nach dem Wunderbaren*, Scherz, München, 1978

– *Ein neues Modell des Universums. Die Prinzipien der psychologischen Methode in ihrer Anwendung auf Probleme der Wissenschaft, Religion und Kunst*, Hugendubel, München, 1986 (2. Auflage)

– *Tertium Organum. Der Dritte Kanon des Denkens – Ein Schlüssel zu den Rätseln der Welt*, Scherz, München, 1973

Pessoa, Fernando: *Esoterische Gedichte*, Amman, Zürich, 1989

Rijckenborgh, Jan van: *Die ägyptische Ur-Gnosis und ihr Ruf im ewigen Jetzt. Aufs neue verkündet und erklärt*

*an Hand der Tabula Smaragdina und des Corpus Her-
meticum von Hermes Trismegistos,* 4 Bde., De Roze-
kruis-Pers, Haarlem (NL), 1982–1985 (jeweils 2. Auflage)

Saint-Pol-Roux: *Werkausgabe,* 16 Bde., Rolf A. Burkart,
Bad Kreuznach, seit 1985

Schuon, Frithjof: *Von der inneren Einheit der Religionen,*
Ansata, Interlaken, 1981

Schuré, Edouard: *Die großen Eingeweihten. Geheimlehren der Religionen,* Scherz, München, 1983 (15. Auflage)

Scott, Cyril: *Musik – ihr geheimer Einfluß durch die Jahrhunderte,* Hirthammer, München, 1985

Smith, Huston: *Eine Wahrheit – viele Wege. Die großen
Religionen der Welt,* Bauer, Freiburg, 1994 (2. Auflage)

Soloviev, Vladimir: *Deutsche Gesamtausgabe der Werke,* 8
Bde., Wewel, München, 1954–1980

Tristan, Frédérick: *Im Gefolge des Alchimisten,* Zebulon,
Düsseldorf, 1992

Williams, Charles: *Das Siegel der Arcana. Ein Tarot-Ro-
man,* Loeper, Karlsruhe, 1990

Yates, Frances: *Giordano Bruno,* Wagenbach, Berlin, 1989

Bücher zum Thema Esoterik

Eine sehr umfangreiche Bibliographie, nach Perioden und
Strömungen geordnet, findet sich im 2. Band meines Buches *Accès de l'ésotérisme occidental,* Paris, Gallimard,
1996, Seite 373–414.

Hier sollen nur einige allgemeine Titel genannt werden,
die in deutscher Sprache verfügbar sind. Jedes dieser Bücher empfiehlt sich durch einen oder mehrere positive
Aspekte, wobei der wissenschaftliche Wert unterschiedlich
ist.

Biedermann, Hans: *Lexikon der magischen Künste (Die
Welt der Magie seit der Spätantike)* München, Heyne,

1991 (Erste Auflage, Graz, Akademische Druck- und
Verlagsanstalt, 1986)

*Epochen der Naturmystik: Hermetische Tradition im wis-
senschaftlichen Fortschritt.* Hg. von Antoine Faivre und
Rolf Christian Zimmermann, Berlin, Erich Schmidt
1979 (Nicht alle Beiträge sind auf deutsch.)

Frick, Karl R. H.: *Die Erleuchteten : Gnostisch-theosophische und alchemistisch-rosenkreuzerische Geheimgesellschaften bis zum Ende des 18. Jahrhunderts. Ein Beitrag
zur Geistesgeschichte der Neuzeit,* Graz, Akademische
Druck- und Verlagsanstalt 1973

Frick, Karl R. H.: *Die Erleuchteten. Licht und Finsternis;
Gnostisch-theosophische und freimaurerisch-okkulte
Geheimgesellschaften bis an die Wende zum 20. Jahrhundert,* Graz, Akademische Druck- und Verlagsanstalt
1975/1978, 2 Bände

Gnosis und Mystik in der Geschichte der Philosophie,
Hg. von Peter Koslowski, Zürich-München, Artemis,
1988

Leuenberger, Hans-Dieter: *Das ist Esoterik. Eine Einführung in esoterisches Denken und in die esoterische Sprache,* Freiburg, Bauer, 1989 (Erste Auflage 1985)

Miers, Horst-E.: *Lexikon des Geheimwissens,* München,
Goldmann 1986 (6. vermehrte Auflage, Originalausgabe
Bauer, Freiburg)

Peuckert, Will-Erich: *Gabalia: Ein Versuch zur Geschichte
der Magia naturalis im 16. bis 18. Jahrhundert,* Berlin,
Erich Schmidt, 1967

Wehr, Gerhard: *Esoterisches Christentum. Von der Antike
bis zur Gegenwart,* Stuttgart, Klett-Cotta, 1995 (2. über-
arbeitete Ausgabe *Esoterisches Christentum: Aspekte,
Impulse, Konsequenzen,* Stuttgart, Klett, 1975)

Wehr, Gerhard: »*Fermenta Cognitionis*«, eine Reihe von 11
Bändchen, die verschiedenen Figuren (wie Saint-Martin,
Jakob Böhme, Rudolf Steiner, Franz von Baader) gewid-

met sind und ein Ganzes ausmachen. Freiburg, Aurum, 1978–1980

Wehr, Gerhard: *Wörterbuch der Esoterik. Zugänge zum spirituellen Wissen von A-Z*, Freiburg, Herder 1989

Wehr, Gerhard: *Spirituelle Meister des Westens. Leben und Lehre*, München, Diederichs 1995

Wichmann, Jörg: *Die Renaissance der Esoterik. Eine kritische Orientierung*, Stuttgart, Kreuz 1991

Weitere Veröffentlichungen von Antoine Faivre (eine Auswahl)

Les Vampires (Essai historique, critique et littéraire), Paris, Le Terrain Vague, 1962

Kirchberger et l'Illuminisme du 18è siècle, Den Haag, Nijnoff, 1966

Eckartshausen et la théosophie chrétienne, Paris, Klinck-sieck, 1969

Mystiques, théosophes et illuminés au siècle des Lumières, Hildesheim, Georg Olms, 1977

Les Contes de Grimm (Mythe et Initiation), Paris, Les Lettres Modernes, 1978

Accès de l'ésotérisme ocidental, Bd. I, Paris, Gallimard, Reihe Bibliothèke des Sciences Humaines 1986 (englische Ausgabe *Access to Western Esotericism*, Albany (New York), State University of New York Press 1994); neue, verbesserte Auflage Paris, Gallimard, 1996. Bd. II, 1996

Toison d'Or et Alchimie, Mailand/Paris, Arché-Edidit 1991 (englische Ausgabe *The Golden Fleece and Alchemy*, Albany (New York), State University of New York Press, 1994)

The Eternal Hermes (From Greek God to Alchemical Magus), Grand Rapids (Michigan), Phanes Press, 1995

Philosophie de la Nature (Physique sacrée et Théosophie, 18è–19è siècles), Paris, Albin Michel, Reihe Idées, 1996

Vom gleichen Autor wurde herausgegeben:

Die templerische und okkultistische Freimaurerei im 18. u. 19. Jahrhundert

von René Le Forestier, herausgegeben und mit ausführlichen Anmerkungen versehen von Antoine Faivre u. Alec Mellor
4 Bände, zusammen ca. 1550 Seiten, fest gebunden mit Schutzumschlag

Eines der meistzitierten freimaurerischen Quellenwerke endlich in deutscher Sprache verfügbar. Es begnügt sich nicht mit einer Aufzählung von Daten, sondern erstellt einen hochinformativen historischen Zusammenhang, der sowohl dem Fachmann als auch dem Laien eine Fülle von Aspekten zum Verständnis dessen eröffnet, was die templerische Freimaurerei anstrebt.

Ein spannend geschriebenes Buch über die oft gegensätzlichen Strömungen innerhalb der europäischen Hochgradfreimaurerei, über die Intrigen, die sie durchziehen, ihre turbulente Entwicklung zwischen Strikter Observanz, Illuminatentum, Rosenkreuzern, Aufklärung und Geheimgesellschaften in einer durch die französische Revolution geprägten Zeit geistiger Umwälzung. Es vereint gute Lesbarkeit und Klarheit mit der notwendigen wissenschaftlichen Fundiertheit, für die der Name des Autors, einer der bekanntesten Gelehrten der Freimaurerei, bürgt.

Versehen mit einer Fülle von wertvollen (in der deutschen Ausgabe aktualisierten) Anmerkungen, einer vollständigen Übersicht über die Literatur und einem ausführlichen Index, ist dieses Buch ein wesentliches Nachschlagewerk zur Freimaurerei und ein grundlegender Beitrag zur europäischen Geistesgeschichte. Ein anerkanntes Standardwerk, das bereits mehrere Auflagen erlebt hat.

Weitere Informationen sowie das Gesamtverzeichnis des Verlags mit weiterer guter Literatur zu verschiedenen Einweihungswegen, Meditation, Buddhismus, Zen und anderen Gebieten erhalten Sie beim

Werner Kristkeitz Verlag
Löbingsgasse 17 • D-69121 Heidelberg